이기는 자소서
Before & After

이기는 자소서
Before & After

배상복 기자의 돌직구 첨삭 수업

1판 1쇄 인쇄 2016년 09월 07일
1판 1쇄 발행 2016년 09월 20일

지은이 배상복
펴낸이 고영수

경영기획 이사 고병욱
기획편집1실장 김성수 **책임편집** 김경수 **기획편집** 허태영
마케팅 이일권, 이석원, 김재욱, 이봄이 **디자인** 공희, 진미나, 김민정
제작 김기창 **관리** 주동은, 조재언, 신현민 **총무** 문준기, 노재경, 송민진

펴낸곳 청림출판(주)
등록 제1989-000026호

본사 06048 서울시 강남구 도산대로 38길 11 청림출판(주)
제2사옥 10881 경기도 파주시 회동길 173 청림아트스페이스
전화 02-546-4341 **팩스** 02-546-8053
홈페이지 www.chungrim.com
이메일 cr2@chungrim.com
페이스북 https://www.facebook.com/chusubat

ⓒ배상복 2016
ISBN 979-11-5540-083-8 13320

* 이 책은 저작권법에 따라 보호를 받는 저작물이므로 무단 전재와 무단 복제를 금합니다.
* 책값은 뒤표지에 있습니다. 잘못된 책은 구입하신 서점에서 바꿔 드립니다.
* 추수밭은 청림출판(주)의 인문교양 브랜드입니다.
* 이 도서의 국립중앙도서관 출판예정도서목록(CIP)은 서지정보유통지원시스템 홈페이지
  (http://seoji.nl.go.kr)와 국가자료공동목록시스템(http://www.nl.go.kr/kolisnet)에서 이용하실 수 있습니다.
  (CIP제어번호: CIP2016020970)

이기는 자소서 Before & After

배상복 기자의 돌직구 첨삭 수업

배상복 지음

추수밭

서문

자소서만 잘 쓰면 합격한다

**지성과 낭만의 요람 상아탑, 취업의 불안감으로 가득
취업 어려워도 자소서 잘 쓰는 사람은 결국 합격한다**

프랑스의 시인이자 비평가인 생트뵈브는 대학을 상아탑(象牙塔)이라 불렀다. 속세를 떠나 오로지 학문이나 예술에만 전념하는 경지를 이르는 말이다. 물욕과 현실적 이해를 떠나 진리를 탐구하는 대학의 학문 세계가 상아처럼 깨끗하고 고고하다는 뜻이다. 이처럼 대학은 상아탑으로서 학문과 지성의 요람이자 청춘의 낭만이 가득한 곳이다. 그러나 지금 대학생들에게는 이런 말이 크게 다가오지 않는다. 취업에 대한 불안감이 마음을 짓누르고 있기 때문이다. 언제부터인가 대학은 스펙 쌓기의 전당이 돼 버렸다.

신문사에 근무하면서 대학에 강의를 나간 지 10여 년 된다. 글쓰기와 함께 취업 강의(자소서·논술 쓰기)를 해오고 있는데 마음 아픈 순간이 적지 않다. 졸업이 가까워 오는데도 취업을 하지 못해 얼굴에 수심이 가득한 학생이 많다. 졸업을 유예하는 것이 나으냐, 그냥 졸업하고 계속 취업 준비를 하는 것이 나으냐 하고 질문해 오

는 학생도 적지 않다. 이런 질문을 하는 학생의 마음은 얼마나 괴로울까 하는 생각에 나도 함께 마음이 아파진다. 이들을 보면 하나같이 성격도 좋고 여러모로 능력도 있는 학생들인데 기성세대의 한 사람으로서 안타까움과 함께 자괴감이 들기도 한다.

이들처럼 대학에는 '대오'가 넘쳐 난다. 4학년을 마치고도 취업을 하지 못해 졸업을 유예하고 있는 학생들을 이렇게 부른다. 'NG(No Graduation)족'이라 지칭하기도 한다. 지난 1월 온라인 취업포털 '사람인'이 대졸 예정자 669명을 대상으로 조사한 결과 "졸업을 유예할 생각이 있다"고 응답한 학생이 절반에 가까운 47.2%에 달했다. 실제로 교육부에 따르면 2011년 8200여 명이던 NG족 수가 2014년에는 2만5000명으로 늘었다고 한다.

해마다 48만여 명의 대졸자가 취업시장에 뛰어든다. 취업 재수생도 50여만 명에 달한다. 그러니까 해마다 100여만 명이 취업시장에서 좁은 문을 통과하기 위해 경쟁을 벌이고 있다는 얘기다. 이공계는 좀 나은 편이지만 인문계는 그야말로 태반이 백수인 이태백이다. 실제로 대부분 대학의 인문계 취업률이 50%에도 미치지 못하고 있다. 그나마 경제가 점점 어려워지면서 기업들은 신규 채용을 줄이는 추세여서 취업 시장은 더욱 악화될 것으로 보인다. 통계청에 따르면 올해 5월 기준으로 청년층이 학교를 졸업하고 나서 첫 직장을 구하기까지 평균 11.2개월이 걸렸다고 한다.

지난해 대졸 비경제활동인구가 무려 334만 명에 달한다는 통계청 발표는 차라리 믿고 싶지 않을 정도다. 비경제활동인구란 취업을 하지 못해 아예 취직을 포기한 인구다. 아무리 노력해도 취업이 되지 않아 아예 일자리 구하는 것 자체를 포기한 사람을 가리킨다. 이들을 '니트(NEET, not in education, employment or training)족'이라 부르기도 한다. 니트족이 15년 전보다 2배가 늘었다. 1년 전에 비해서도 4.7% 증가했다. 이 가운데는 4년제 출신이 239만 명으로 2년 또는 3년제 출신보다 많다고 한다.

대학 진학률(2015년 기준)은 71%로 세계 최고 수준을 기록하고 있지만 그에 비해 턱없이 부족한 일자리가 이처럼 실업자를 양산하면서 청년들을 주눅 들게 하고 있다. 대학을 나오고도 일자리를 갖지 못한다는 것은 참으로 안타까운 일일 뿐 아니라 국가적으로도 커다란 손실이자 낭비가 아닐 수 없다. 취업을 준비하고 있는 학생들의 입장에서는 취업 문은 점점 좁아지고 어떻게 이 좁은 관문을 뚫고 직장을 구할 수 있을지 고민이 더욱 깊어질 수밖에 없다.

아무리 취업 시장이 어렵더라도 좁은 관문을 뚫고 당당히 합격하는 사람도 많다. 그들이 꼭 스펙이 좋아서이거나 학점이 높아서는 아니다. 취업하는 학생들을 분석해보면 대체로 자기만의 스토리가 있고 그것을 자기소개서(자소서)에서 적절하게 풀어내는 사람들이다. 기업은 자기소개서를 통해 일차적으로 그 사람을 판별하기 때문에 무엇보다 자소서를 잘 쓰는 것이 중요하다. 한마디로 자소서를 잘 쓰는 사람은 취업에 성공한다. 자소서만 잘 쓰면 일차 서류 심사를 무난히 통과하고 면접으로 가기 때문에 결국은 합격하게 돼 있다.

반대로 자소서를 제대로 작성하지 못하는 학생은 취업하기 어렵다. 일차 관문을 통과할 수 없기 때문에 취업이 힘들어질 수밖에 없다. 끊임없이 서류를 접수해도 면접에 오라는 곳이 없다. 자신의 모든 경험과 능력이 자소서 한 장으로 판단된다. 아무리 능력이 있어도 자소서에서 적절하게 서술해내지 못하면 없는 것이나 마찬가지다. 따라서 취업의 성공 여부는 자소서 작성 능력에 달려 있다고 해도 과언이 아니다.

그러나 학생들이 쓴 자소서를 보면 기대 수준에 미치지 못하는 것이 대부분이다. 질문에 합당한 소재를 찾아내야 하고 또 그 소재를 지원하는 기업에 맞게 가공해야 하는데 두 가지 측면에서 제대로 된 자소서가 그리 많지 않다. 자소서를 작성하는 학생들은 어디에선가 도움을 받고 싶지만 마땅치 않다. 지금까지 인사담당자나 기타 취업전문가들이 쓴 자소서 참고서가 많이 나와 있지만 실제로 그것을 읽더라도 학생들이 제대로 소화해내지 못하고 있다. 막상 써보면 그것이 쉽지 않기 때문이다. 쓰는 사람 입장에서는 알려주는 대로 해보려 해도 여기저기에서 막히고 결과물이 신통치 않다.

이 책은 학생들이 쓴 자소서를 무수히 읽어보고 첨삭해 주면서 느낀 점을 바탕으로 자소서를 쓰는 학생들의 입장에서 어떤 문제에 부닥치는지, 또 그것을 어떻게 해결해야 하는지를 자세하게 안내하는 데 주안점을 두었다. 실제 학생들이 쓴 자소서를 소개하고 그것을 어떻게 수정해야 하는지 상세하게 설명하고 있다. 합격한 자소서 견본을 보는 것도 중요하지만 오히려 문제가 있는 자소서를 함께 분석해 보면서 어떻게 고쳐야 하는지 아는 게 학생들에게는 더 실제적이고 효과적일 수 있다. 이 책을 읽어본다면 자신이 작성한 자소서에 어떤 문제가 있으며 어떻게 수정해야 하는지를 스스로 깨닫고 직접 고쳐서 경쟁력 있는 자소서로 만들 수 있으리라 생각한다. '내 자소서 내가 고치기 교본'이라 생각해도 무방하다.

서문 – 자소서만 잘 쓰면 합격한다 _ 005

제1장 자소서를 알면 취업이 보인다

1. 자소서가 취업의 1차 관문 _ 014
2. 대부분 학생이 자소서 제대로 작성하지 못해 _ 016
3. 자소서는 다른 글과 다르다 _ 018
4. 자소서 작성의 2단계 과정 _ 021
5. 스펙은 갔다, 나만의 이야기로 승부하라 _ 027

제2장 나와 회사의 분석이 합격으로 가는 출발점

1. 나를 120% 분석하라(Self-analysis) _ 034
2. 회사를 120% 분석하라(Company analysis) _ 037
3. 직무를 120% 분석하라(Job analysis) _ 044

제3장 이렇게 쓰면 합격한다

1. 회사의 인재상에 맞추어라 _ 048
2. 직무역량(직무적합성)을 어필하라 _ 052
3. 자신만의 주제를 가져라 _ 055
4. 성장과정에서 주제를 추출하라 _ 059
5. 성장과정은 어릴 적 사실만 서술해야 _ 064
6. 지원 동기를 구체적으로 밝혀라 _ 067
7. 조직 적응력을 보여줘라 _ 071
8. 하나의 질문에는 하나의 소재만 _ 073
9. 같은 소재를 반복하지 마라 _ 076
10. 장래 희망과 포부를 수치로 얘기하라 _ 079
11. 제목을 달아야 인사담당자가 좋아한다 _ 085
12. 핵심 내용을 앞 문장에 내세워라 _ 090
13. 변곡점을 만들어 행위를 돋보이게 하라 _ 094
14. 전체를 대충 채워놓고 다듬어 나가라 _ 097

15 장점은 하나로 하고 단점을 역이용하라 _ 100
16 질문이 없는 경우엔 제목으로 항목을 구분하라 _ 109
17 글 쓰는 능력을 보여줘라 _ 111
18 개성 있는 문체가 강한 인상을 준다 _ 113
19 어투의 일관성을 유지하라 _ 117
20 제출한 자소서는 반드시 복사해 보관하라 _ 120

제4장 이렇게 쓰면 떨어진다

1 자소서에서 웬 군대 얘기 _ 124
2 재수 이야기를 뭘 자랑거리라고 _ 128
3 학점은 점수 보면 아는데 뭘 구구절절이 _ 132
4 헉, 다른 회사 이름이 나오다니 _ 135
5 물 반 군더더기 반 _ 136
6 오탈자를 흘리고 다니는구만 _ 138
7 멋진 말은 빈약과 부족의 증거 _ 139
8 영어와 한자를 이렇게 남용하다니 _ 142
9 '아녀세여!'라니 여기가 무슨 SNS인가 _ 145
10 '귀사'는 무슨 귀신 잡는 회사인가 _ 146
11 시켜주면 다하다니 배알도 없나 _ 149

제5장 학생들의 자소서 사례 및 분석

1 지원동기 및 포부 _ 152
2 성장과정 _ 166
3 사회활동 _ 172
4 장점과 단점 _ 184
5 기타 다양한 사례 _ 189

제 1장

자소서를 알면 취업이 보인다

01 자소서가 취업의 1차 관문

───── 대부분 기업체가 자소서로 그 사람을 판단
자소서 제대로 쓰지 못하면 면접에 못 간다

　　한번은 어느 학생이 상담을 요청해 왔는데 무려 20개의 자소서를 들고 왔다. 지금까지 기업에 제출했다가 모두 탈락한 것이라고 했다. 인턴이니 어학연수니 나름대로 열심히 취업을 준비해 왔고 그간의 노력을 자소서에 잘 담았다고 생각하는데 한 군데도 통과되지 못했다는 것이다. 앞이 캄캄하다면서 도대체 무엇이 문제인지 분석해 달라고 했다.

　　취업의 첫째 관문은 자소서다. 이 학생처럼 반복해 자기소개서에서 탈락하면 좌절감을 느끼게 된다. 자소서를 통과하지 못하면 면접에 갈 수 없다. 면접에 가서 한두 번 실패한 것이야 다음에는 잘 하면 되겠지 하는 희망을 가질 수 있다. 하지만 자소서마저 통과되지 못한다면 막막해진다. 자소서를 몇 번 통과해본 사람은 나름대로 감이 있기 때문에 그나마 자신감을 가지고 계속 도전할 수 있지만 이 학생과 같이 자소서에서부터 막히면 희망을 잃게 된다.

　　내가 아무리 능력이 있고 훌륭하다고 해도 기업이 나를 찾아와 저절로 취업시켜 주는 것은 아니다. 기업은 내가 어떤 사람인지 모른다. 기업은 자소서를 통해 그가 어떤 사람인지, 회사가 원하는 인재인지를 판단한다. 따라서 자소서에서 내가 그 회사에 적합한 인물이라는 것을 스스로 보여주고 증명해야 한다. 자소서를 통해 나를 적절하게 보여주지 못한다면 아무리 능력이 있어도 취업할 수 없다.

자기소개서가 아닌 다른 방법으로 온전히 나를 보여줄 수 있으면 좋으련만 자소서를 쓰지 않고 신입사원을 채용하는 회사는 없다. 대부분의 기업이 자소서를 통해 일차적으로 그 사람을 판단한 뒤 면접 기회를 준다. 자기소개서가 인사담당자의 마음에 들지 않는다면 다른 능력을 보여주기도 전에 그 회사로부터 외면당한다. 그러므로 취직하려는 사람은 우선적으로 자기소개서를 잘 써야 한다. 자소서가 취업에 결정적인 영향을 미친다.

채용시장에 '탈(脫)스펙' 바람이 불면서 자소서가 더욱 중요해졌다. 과거에는 학점이나 토익 등 스펙이 좋은 사람을 뽑았기 때문에 단순히 스펙을 열심히 쌓고 그것을 나열하면 됐다. 하지만 지금은 스펙을 그다지 중요하게 생각하지 않는다. 학점과 토익 점수 등만으로는 지원자의 문제해결 능력이나 조직 적응 능력 등을 파악하기 어렵다는 이유에서다. 따라서 남들과 비교되는 자신만의 능력이나 스토리, 직무와 관련한 경험 등을 자소서에서 어떻게 잘 풀어내 회사를 설득하느냐가 더욱 중요해졌다.

02 대부분 학생이 자소서 제대로 작성하지 못해

―――― 자소서를 경쟁력 있게 작성하는 학생 많지 않아
엄청난 스트레스와 자신감 결여로 대필할 생각도

자소서 작성이 취업 관문을 통과하는 데 절대적으로 중요하지만 인사담당자의 마음에 드는 자소서를 쓰기는 쉽지 않다. 특히 스펙을 중요하게 생각하지 않다 보니 자기 나름대로 스토리 있는 자소서를 써야 하지만 막상 작성해보면 잘 되지 않는다. 그러다 보니 학생들은 자소서 작성에 많은 부담을 갖게 되고 적지 않은 스트레스를 받는다. 이런 현실 때문에 자소서 컨설팅을 넘어 아예 대필해주는 곳이 생겨날 정도다.

온라인 취업포털 '사람인'이 취업준비생 723명을 대상으로 조사한 결과 자기소개서를 대필받을 의향이 있다는 사람(51.5%)이 반을 넘을 정도였다. 대필을 원하는 이유로는 '부족한 글솜씨를 만회할 수 있어서'(55.1%, 복수응답)가 가장 많았다. 다음으로 '취업 성공이 가장 중요해서'(46%), '글솜씨로 차별 받는 것은 억울해서'(32%), '거짓내용만 아니면 괜찮아서'(31.2%), '나를 더 좋게 포장할 수 있어서'(29.6%), '실제 업무 역량이 더 중요해서'(19.4%), '대필을 받는 것도 능력이라고 생각해서'(11.3%) 등이었다고 한다.

이러한 결과에서 보듯 많은 학생이 자소서 작성에 자신이 없어한다. 그러다 보니 여기저기 자소서를 써 제출하는 4학년 학생들은

자소서 작성에 엄청난 스트레스를 받는다. 저자가 학교에서 취업 과목을 가르치면서 학생들이 쓴 자소서를 수없이 보며 느낀 점도 학생들이 자소서를 제대로 쓰지 못한다는 것이다. 대체로 비슷비슷한 이야기를 고만고만하게 늘어놓아 차별성을 발견하기 어렵다.

기본적으로 자기소개서 작성은 소재 선택과 소재 가공의 두 가지 단계를 거친다. 질문에 맞는 소재를 찾아내고 그것을 임팩트 있게 가공해야 한다. 그러나 대부분의 학생이 질문에 합당한 소재를 제대로 선택하지 못하고 또 소재를 선택했다 하더라도 그것을 평가자의 입맛에 맞게 가공하는 데 실패한다. 이 두 가지 문제가 복합적으로 얽혀 별반 경쟁력 없는 자소서를 작성해 제출함으로써 평가자의 마음에 들지 못하기 십상이다.

03 자소서는 다른 글과 다르다

——— **자소서의 목적은 합격하는 것, 읽는 대상은 인사담당자**
쓰는 목적과 읽는 대상자의 특성에 맞게 작성해야 합격

   글은 쓰는 목적과 읽는 대상에 따라 서술하는 방식이 달라진다. 글을 시작할 때는 우선 글을 쓰는 목적과 읽는 대상을 분명하게 해야 한다. 그래야 목적과 대상에 어울리는 표현으로 자신이 나타내고자 하는 바를 정확하고도 효율적으로 전달할 수 있다. 예를 들면 교수에게 제출하는 리포트와 SNS에 올리는 글은 쓰는 목적과 읽는 대상이 판이하게 다르므로 서술 방식이 달라져야 한다.

 글을 쓰는 목적은 크게 전달과 표현으로 나눌 수 있다. 전달이란 어떤 대상에 대한 지식이나 정보를 올바로 알려 이를 분명하게 이해하도록 하는 것이다. 설명서·기획서·보고서 등 일상적인 글이 이런 유형이다. 표현이란 글 쓰는 이의 감정을 생생하게 드러내 독자가 공감하도록 하는 것이다. 쓰는 목적이 표현이라면 글쓴이의 감정이나 심리를 생생하게 드러내 읽는 사람이 절실히 공감하도록 해야 한다. 수필·감상문 등이 여기에 속한다. 이런 글은 무엇보다 글쓴이의 감정과 심리가 생생하게 드러나도록 작성해야 한다.

 글은 또한 읽는 대상(독자)에 따라 쓰는 방법이 달라진다. 독자의 성격은 다양하지만 크게 불특정 다수의 독자와 특정 소수의 독자로 나누어 볼 수 있다. 불특정 다수의 독자란 명확히 정해지지 않은 일반인으로서의 독자를 말한다. 신문기사나 소설은 불특정 다수의 독자를 전제로 쓰는 글이다. 특정 소수의 독자란 명확하게 범위가 한정된 일부 독자를 말한다. 학생들이 제출하는 과제는 독자가 교수 한 사람뿐이다. 이처럼 소수의 독자는 그들만이 지니는 독특한 성격을 갖게 마련이다. 따라서 특정 소수의 독자를 전제하고 쓰는 글은 반드시 독자의 독특한 성격에 어울리는 내용과 형식을 가져야 한다.

자기소개서는 목적과 대상이 더욱 분명하다. 자소서의 목적은 합격하는 것이고 읽는 대상은 인사담당자다. 즉 자소서의 목적은 자신이 그 회사에 적합한 사람이라는 것을 보여줌으로써 인사담당자를 설득해 취업의 1차 관문을 통과하는 것이다. 그리고 글을 읽는 대상은 인사담당자에 한정된다. 자소서의 독자는 자신의 서류를 읽고 합격·불합격을 결정하는 인사담당자밖에 없다. 그러므로 자소서를 작성할 때는 어떻게 하면 합격할 수 있는지 그 목적에 맞추어야 하고, 읽는 대상자인 인사담당자의 특징을 파악한 뒤 그에 맞게 서술해야 한다.

합격이란 목적에 부응하는 자소서를 작성하기 위해서는 무엇보다 자신이 그 회사에 적합한 인물이라는 것을 보여주게끔 서술해야 한다. 그 회사의 인재상과 필요한 직무능력 등에 맞추어 작성해야 한다. 그러자면 지원하는 회사가 어떤 인재를 원하는지, 어떤 능력을 눈여겨보는지 등을 감안해야 한다. 자신의 장점도 회사와 잘 어울리는 요소를 골라 제시해야 하고 그러한 장점을 어떤 분야에서 어떻게 발휘할 수 있는지도 구체적으로 밝혀야 한다.

인사담당자는 수없이 많은 자소서를 읽어보고 합격 여부를 판단해야 한다. 그러다 보니 자소서 하나를 읽는 데 많은 시간을 할애할 수가 없다. 따라서 자소서는 거의 속독으로 읽는다. 그렇지 않으면 그 많은 지원자의 서류를 다 읽고 소화할 수가 없다. 과거 대학 입시 논술 답안지를 단 몇 분 만에 읽고 채점한다고 어느 교수가 밝혀(천기누설) 논란이 된 적이 있지만 자소서도 마찬가지인 셈이다.

인사담당자가 자소서를 빨리 읽더라도 내가 이야기하고자 하는 바가 분명하게 전달되게끔 작성하는 것이 필요하다. 그러자면 핵심을 일목요연하고 이해하기 쉽게 적어야 한다. 그리고 제목을 적절하게 활용해 더욱 알기 쉽게 만들어야 한다. 본문의 핵심 내용을 제목으로 삼으면 제목만 봐도 인사담당자는 무엇을 이야기하려는지 파악할 수 있다. 제목에서 밝히고자 하는 핵심이 잘 드러나 있으면 속독으로 읽는다 해도 내용 전체를 쉽게 이해할 수 있다. 이처럼 읽는 대상인 인사담당자의 특성에 잘 맞추어 작성한다면 합격에 한 발 더 다가갈 수 있다.

04 자소서 작성의 2단계 과정

― 우선 질문에 합당한 소재를 선택하고
소재를 평가자 마음에 들게 가공해야

1 / 소재 선택

자소서 작성은 두 가지 과정으로 이루어진다. 자소서를 작성하기 위해서는 우선 질문에 맞는 소재를 선택해야 한다. '창의적인 일처리로 성과를 창출한 경험을 적으시오'라는 질문이라면 이에 맞는 소재를 선택하는 것이 먼저다. 자신이 어떤 일을 하면서 창의적인 아이디어를 내 효과를 가져왔는지 사례를 끄집어내 소재로 삼아야 한다. 학생들이 자소서를 작성하면서 첫 번째로 부닥치는 문제가 바로 이 소재 선택이다.

어떤 이야기를 끌어들여야 할지 고민하면서 많은 시간을 소비한다. 소재는 남들이 다 경험할 수 있는 것은 제외하는 것이 좋다. 남들도 하는 것 또는 어쩔 수 없이 해야 하는 것을 무난히 처리해낸 것이라면 소재로 부적절하다. 남들이 다 하는 것을 더 잘한다고 하는 것도 별로 경쟁력이 없으므로 소재로 삼지 않는 것이 좋다. 그것보다는 가급적이면 나만이 할 수 있는 것, 다른 사람은 잘 하지 않거나 경험해 보기 어려운 것 가운데 질문에 합당하게 창의성을 발휘한 것을 찾아 소재로 사용해야 경쟁력이 생긴다.

소재 가운데 직무와 관련된 것이면 더욱 좋다. 예를 들어 화장품 회사에 지원하는 자소서를 작성한다면 화장품 회사에서 인턴을 하거나 화장품 가게에서 아르바이트(알바)를 한 것이 좋은 소재가 될 수 있다. 물론 학생들의 사회 경험이 부족하므로 지원하는 회사와 같은 업종이나 동일한 업무 등 관련성이 큰 분야를 겪어 보지는 못했을 수도 있다. 꼭 그렇지는 않더라도 어느 정도 직무와 연관 지을 수 있는 소재면 족하다.

2 / 소재 가공

학생들이 부닥치는 두 번째 문제는 소재를 선택했다고 해도 막상 써보면 경쟁력 있는 내용이 나오지 않는다는 것이다. 다른 소재로 바꾸어야 하나 회의가 온다. 바로 여기에서 필요한 것이 소재 가공이다. 대부분 학생이 소재는 어느 정도 가공이 필요하다는 사실을 모르기 때문에 이 같은 현상이 발생한다. 자소서는 있는 그대로 진솔하게 작성하는 것이 우선이지만 이는 도덕군자의 이야기고 현실은 그렇지 못하다. 소재를 선택하면 다음 단계는 소재의 가공이다. 소재를 인사담당자의 마음에 들게끔 임팩트 있게 가공해야 한다.

자소서를 대필할 정도로 자소서 작성에 치열한 경쟁을 벌이는 현실에서 소재를 있는 그대로만 작성해 제출한다면 그저 그런 자소서가 되기 십상이고 합격에서 멀어질 수 있다. 자소서 작성의 목적은 합격이므로 경쟁력 있게 어느 정도 가공하는 것은 피할 수 없다. 소재를 돋보이게 하기 위해서는 임팩트 있게 가공하는 것이 필요하고 이를 나쁘게만 얘기할 수는 없다.

소재를 찾기 어려운 것은 질문과 관련해 특별하게 그런 역할을 해낸 것이 없기 때문이다. 있다고 해도 그 이야기를 써봐야 크게 경쟁력이 없다고 느끼기 십상이다. 그러나 미약한 소재도 가공을 하면 얼마든지 경쟁력 있는 이야기가 될 수 있다. 질문에 맞추어 소재를 어느 정도 가공하면 별것 아닌 것 같은 사실도 경쟁력 있는 소재로 재탄생할 수 있다. 이러한 점을 안다면 소재 선택이 훨씬 수월해지고 그 소재를 인사담당자의 마음에 들게 작성해낼 수 있다.

실제로 자소서를 첨삭 지도해준 학생에게서 있었던 일이다. 화장품 회사에 지원하는데 '창의적인 일처리로 성과를 창출한 경험을 적으시오'라는 질문 항목이 있었다. 학생이 써 온 자소서에는 화장품 가게에서 알바를 한 것이 소재였다. 화장품 가게에서 나름대로 열심히 일하면서 진열품의 배치 순서를 바꾸는 등 창의성을 발휘해 매출을 올려 칭찬을 많이 받았다는 식으로 서술돼 있었다.

지원회사와 동일한 업종에서 알바를 한 것이므로 일단 좋은 소재라 할 수 있다. 나름대로 창의성을 살려 매출을 올렸다고 밝히고 있으므로 질문에 부합하기는 한다. 그러나 이 자체로 경쟁력이 있다고 할 수는 없다. 이 정도는 누구나 할 수 있는 일처럼 보여 남들과 비교해 경쟁을 뚫고 확실하게 1차 관문을 통과한다고 장담할 수 없다. 창의성이 있다고 인사담당자를 설득하려면 더욱 구체적으로 서술함으로써 임팩트 있게 가공해야 한다. 이런 식으로 이야기를 재구성했다.

Before

여름방학 때 사회 경험을 쌓기 위해 화장품 가게에서 알바를 한 적이 있습니다. 이러한 경험이 장차 취업을 할 때 도움이 되리라 생각했기 때문입니다. 대부분의 학생들이 알바를 할 때는 자신이 맡은 일만 처리하는 경향이 있습니다. 그러나 저는 그렇게 하지 않고 무언가 남들보다 창의적인 생각을 해서 매출을 올리고자 노력했습니다.

무엇보다 화장품 진열을 바꾸면 매출이 늘어나지 않을까 하는 생각에서 그렇게 해보기로 마음먹었습니다. 제가 여자이기 때문에 그동안 제가 화장품을 구입해오면서 느꼈던 경험을 바탕으로 진열을 어떻게 바꾸면 좋을지를 곰곰이 생각해 보았습니다.

그 결과 기존의 진열보다 제가 경험했던 바를 바탕으로 생각해낸 것이 낫지 않을까 싶어 몇 가지 순서를 바꾸자고 제안했습니다. 저의 제안은 기존의 제품 진열과는 많이 다른 것이었습니다. 가게 사장님도 그렇게 해보자고 흔쾌히 동의해주셔서 제가 제안한 대로 제품의 진열을 바꾸었습니다.

다행히도 제가 제의한 대로 화장품 진열을 바꾼 뒤로 조금이나마 매출이 늘었습니다. 사장님도 참 좋아하시면서 저를 칭찬해 주셨습니다. 어떻게 매출이 늘었는지 본사에 보고했고 다른 매장도 이렇게 하기로 했다고 했습니다. 시키는 대로만 하지 않고 나름대로 창의성을 발휘해 일한 덕분입니다.

이렇듯 저는 무엇이든지 시키는 일만 하지 않고 나름대로 창의성을 발휘해 일하는 사람입니다. 회사에 들어가서도 이러한 창의성을 발휘해 열심히 하겠습니다.

After

저는 여름방학 때 명동의 한 화장품 가게에서 알바를 했습니다. 알바 당시 남들처럼 시키는 일만 하지 않고 나름대로 매출을 올리기 위한 연구를 했습니다. 무엇보다 제가 화장품을 사러 갈 때 느꼈던 점을 떠올리며 손님들의 동선을 연구하고 어떻게 물건을 배치하면 제품들이 더욱 고객의 손에 쉽게 잡힐 수 있을지를 고민했습니다.

그 결과 신제품을 가게 앞 매대에 진열하자고 제안했습니다. 그때까지는 신제품을 매장 입구에 배치하긴 했지만 가게로 들어온 사람이 아니면 볼 수가 없었습니다. 신제품을 바깥 매대에 놓으면 지나가는 사람들의 호기심과 이목을 끌 수 있기 때문에 더욱 많은 판매로 이어지리라 생각했습니다.

그 옆에는 세일하는 품목을 놓아 오가는 사람들이 쉽게 볼 수 있게 했습니다. 그리고 선크림·수딩젤 등 계절별 상품을 매장 입구 첫 번째로 배치하고 립스틱이나 마스카라 등은 계산대 바로 옆에 진열하는 방식을 제안했습니다. 손님들이 계산을 하러 움직이고 줄 서 기다리는 동안 이들의 손에 쉽게 잡힐 수 있게끔 하기 위해서였습니다.

저의 생각이 적중해 이렇게 배치를 바꾼 결과 하루 30% 정도의 매출이 올랐습니다. 가게 사장님은 이 사실을 본사에 보고했고 본사에서는 전국의 매장에 상품 진열을 모두 이 방식으로 바꾸라고 지시했습니다. 그 후 다른 매장에서도 매출이 많이 올랐다고 했습니다. 본사에서는 저에게 감사장을 수여했고 저는 소정의 격려금까지 받았습니다. 시키는 대로만 하지 않고 주인의식을 가지고 어떻게 하면 매출을 끌어올릴 수 있을지 연구하고 창의성을 발휘한 결과입니다.

원래 작성한 것은 자신의 제안으로 상품 진열을 바꾸어 매출이 늘었다면서 창의적인 일처리로 성과를 가져온 경험을 서술하고 있지만 구체적이지 못해 설득력이 떨어진다. 본인은 질문에 부합하는 소재와 내용으로 잘 서술했다고 생각할지 모르지만 이렇게 해서는 경쟁력을 확보할 수 없다. 이런 정도의 얘기는 누구나 할 수 있는 것이다. 이럴 때는 자신의 행위와 결과를 눈에 보이게끔 자세하게 서술해야 한다.

그러자면 어떤 상품을 기존과 달리 어떻게 배치했는지를 구체적으로 설명해야 하고 매출이 늘었으면 얼마나 늘었는지를 수치로 제시해야 한다. 이러한 요소를 반영해 재구성한 스토리가 훨씬 더 구체적이고 창의적인 노력이 어떠한 결과를 가져왔는지를 분명하게 보여주고 있다. 이처럼 질문에 부합하게끔 행위를 좀 더 상세하게 서술하고 수치를 제시하면서 그 효과나 결과를 보여준다면 더욱 인사담당자의 마음에 드는 자소서가 될 수 있다.

이것이 바로 가공의 힘이다. 비록 부족하다 싶은 소재도 이처럼 가공을 한다면 경쟁력 있는 소재와 스토리가 될 수 있다. 따라서 질문에 부합하는 작은 사실이라도 있다면 그것을 소재로 삼아 자신의 행위와 결과를 더욱 돋보이게끔 가공하면 된다. 이런 사실을 안다면 자소서 작성이 한결 수월해진다.

05 스펙은 갔다, 나만의 이야기로 승부하라

**지난해부터 취업시장에 탈스펙 바람 불어
자신만의 스토리로 개성과 존재감 보여야**

취업을 하려면 무엇을 준비해야 할까? 대부분의 학생이 우선적으로 스펙을 쌓아야 한다고 생각한다. 그래서 학점을 열심히 따고 자격증을 취득하고 토익 등 어학 점수를 올리기 위해 노력한다. 어학연수도 필수 코스다. 그뿐이랴. 공모전에도 입상하기 위해 열심히 참가한다. 남들보다 우위를 점하려면 이처럼 객관적으로 보여줄 수 있는 결과물이 있어야 한다고 생각한다. 스펙을 쌓는다고 휴학하는 학생도 적지 않다.

과거에는 이러한 스펙이 취업의 기준이 됐다. 학생들은 취업을 하기 위해 스펙을 쌓는 데 열중했다. 그러다 보니 '스펙 3600'이니 '취업 5종 세트'니 하는 말이 생겨났다. '스펙 3600'은 스펙이 3600은 돼야 한다는 것이다. '학점 4.0 × 토익점수 900 = 3600'이 입사의 기본 조건이라고 여겼다. '취업 5종 세트'는 인턴, 자격증, 아르바이트, 공모전, 봉사활동 경험 등 다섯 가지를 갖춰야 취업할 수 있다는 뜻이다.

'취업용 스팸(SPAM)'이란 말도 있다. 취업의 4가지 조건으로 스펙(Spec), 열정(Passion), 학력(Academic background), 멘토(Mentor)를 일컫는 말이다. 취업을 하려면 기본적으로 이러한 요건들을 갖추어야 한다고 해서 이러한 요소를 기르기 위해 열심히 준비했다.

하지만 몇 년 전부터 취업 기준이 바뀌었다. 스펙이 좋은 학생들을 뽑아 쓴 결과 조직에 잘 적응하지 못하거나 인화단결에 문제가 생기는 경우가 적지 않았다. 스펙 쌓기에 몰두하다 보니 상대적으로 인간관계나 기타 조직 활동에 필요한 인성이 부족할 수도 있기 때문이다. 기업들은 과도한 스펙이 좋은 것이 아니라는 결론에 도달했다. 따라서 요즘은 기업이 인재를 채용할 때 스펙을 그리 중요하게 생각하지 않는다.

실제로 고용정보원이 인사담당자들을 대상으로 조사한 결과 채용 시 중요시하는 요소로 필기시험 8%, 외국어점수 7%, 출신학교 12%, 공모전 입상 1%라고 답했다. 반면 기업들이 중요하게 보는 요소로는 창의적인 문제해결 능력, 조직 이해 능력, 팀워크-의사소통 능력 등이라고 대답했다. 학점이나 토익 점수 등으로는 지원자의 문제 해결 능력이나 조직 적응력 등을 파악하기 어렵기 때문이다. 스펙보다는 관련 직무 경험과 포트폴리오를 쌓는 노력이 더욱 필요하다.

특히 지난해부터는 채용시장에 '탈(脫)스펙' 바람이 더욱 불고 있다. 출발점은 SK그룹이다. 2015년부터 스펙 파괴 채용을 실시하고 있다. 지원 서류에 어학성적, 수상경력, 해외경험, IT 활용 능력 등 스펙과 관련한 사항을 기입하는 칸을 아예 삭제했다. 사진도 붙이지 않게 했으며 주민등록번호와 가족관계 등을 적는 칸도 없앴다. 전적으로 자기소개서 위주의 서류전형을 하겠다는 것이다.

삼성도 마찬가지다. 삼성그룹은 1994년부터 '열린 채용'을 도입해 지원 서류에 사진, 주민등록번호, 가족관계 등의 개인정보 기입란을 삭제했다. 2015년 하반기부터는 학점제한(4.5점 만점에 3.0 이상)도 폐지했다. 스펙보다는 그 사람의 스토리를 통해 직무적합성을 평가하겠다는 것이다. 지난해 하반기에는 지원 동기와 포부 등 질문 항목이 대체로 예상 가능한 수준을 벗어나지 않았다. 마지막 단계인 면접에서는 창의성 면접을 도입해 지원자의 문제해결 능력과 논리전개 과정을 평가하고 있다.

현대자동차 역시 2013년부터 지원 서류에 사진, 가족정보, 해외경험 등의 기입란을 삭제했다. 2015년부터는 동아리, 봉사, 학회활동 기입란을 없앴다. LG그룹은 2014년부터 지원 서류에 어학성적, 자격증, 수상경력, 인턴경험 등의 스펙 관련 기입란과 주민등록번호, 사진, 가족관계 등의 개인정보 기입란을 삭제했다. 롯데그룹·현대중공업·한화그룹도 이와 비슷하다.

물론 수치화된 스펙이 아니라 그 이상을 요구함으로써 오히려 취업을 준비하기가 더욱 어려워진 것이 아니냐고 불만을 표출하는 학생도 있다. 그러나 이러한 추세에 부응하려면 규격화된 스펙을 쌓는 대신 자기만의 스토리를 만들어야 한다. 남들과 비교되는 자신만의 스토리로 개성과 존재감을 보여주면서 회사를 설득해야 한다. 그 스토리는 성공의 이야기일 수도 있고 실패의 이야기일 수도 있다. 젊은이가 가진 특권 중 하나가 실패. 실패든 성공이든 자신이 경험한 이야기를 스토리텔링 형식으로 서술해 나가야 한다. 영혼 없는 스펙 열 줄보다 감동적인 스토리 하나로 인사담당자의 마음을 사로잡아야 한다.

다음 자소서를 보자. LG전자에 합격한 자소서다. 중앙일보에 게재된 내용으로 LG 인사담당자가 잘 쓴 자소서로 뽑은 것이다.

> **육체적인 도전을 제외하고, 지금까지 살아오면서 가장 어려운 일에 도전해본 경험을 골라 구체적인 상황, 자신의 행동, 결과 등을 기술해 주십시오.**
>
> 장교 전역 후 경영학도로서 자신만의 사업에 대한 꿈을 품고 있었습니다. '외국인 친구 만들기' 커뮤니티를 운영하던 중 처음 방송국에서 외국인 섭외 요청이 들어왔습니다. 그때 이게 사업 아이템으로 적절하다고 생각했습니다. 취업을 포기하고 창업에 도전한다는 것에 대해 많이 고민했지만 일생의 기회라고 생각했습니다. 실패해도 소중한 경험이 될 것이라고 생각하고 도전했습니다. 결국 AKA라는 외국인섭외에이전시를 설립하게 되었습니다.
>
> … 기존 외국인 친구와 인맥만으로는 한계가 있었습니다. 외국인이 이용하는 인터넷 사이트에 광고를 내고, 홍대나 이태원 거리에서 밤새도록 명함을 돌리고, 일에 대해 설명했습니다. … 신발 광고를 촬영할 경우 스튜디오와 협력해 신발을 신은 여러 각도의 사진을 프로필에 첨부해 보냈습니다. 경쟁업체에서 프로필·사진·신상명세만 적어서 제공했다면 저는 고객을 위해 한 번 더 고민했던 것입니다.
>
>  좋아요

이 학생은 토익 790점이었으며 학점도 2.56점(4.5점 만점)으로 낮은 편이었다. 인턴경력이나 해외경험도 없었다. 스펙으로만 보자면 취업을 기대하기 어려운 수준이다. 그러나 자소서에서 외국인 섭외

에이전시를 차려 운영한 경험을 자신의 스토리로 삼아 경쟁력 있게 서술함으로써 무난히 합격했다. 남들이 해보지 않은 자신만의 특색 있는 경험을 이야기하면서 무슨 일을 맡겨도 책임감 있게 해결해낼 수 있다는 신뢰감을 주기 때문이다. 여기에서 보듯 스펙이 중요한 것이 아니다. 스펙은 그 사람의 자기계발 중 일부를 보여줄 뿐이다. 그것보다는 세상에 하나밖에 없는 자신만의 스토리를 가지고 회사에 꼭 필요한 인재임을 보여주어야 한다.

제 2 장

나와 회사의 분석이 합격으로 가는 출발점

01

나를 120% 분석하라 (Self-analysis)

―――― 알맞은 직장 구하고 자소서 잘 쓰기 위해선
자신이 어떤 사람인지 분석하는 것이 필요

취업 시즌이 되면 학생들은 여기저기 자소서를 쓰기 바쁘다. 평소 원하던 기업체에만 집중해 작성하면 좋으련만 된다는 보장이 없으므로 모집 공고가 나는 곳에는 몇 군데 일단 원서를 접수하고 본다. 취업 시장이 어렵다 보니 나타나는 소위 '묻지마 지원'이다. 취업을 하고 봐야겠기에 일단 어디에든 들어가고 보자는 심리가 강하게 작용하기 때문이다.

이런 묻지마 지원 현상은 조사에서도 나타나고 있다. 취업사이트인 '잡코리아'가 얼마 전 취업준비생을 대상으로 조사한 결과 10명 가운데 6명은 묻지마 지원을 하겠다고 답했다. 이유는 '앞으로 취업시장 상황이 더 좋아지지 않을 것 같아서'란 응답이 60.1%를 차지했다. '직무보다 당장 취업이 중요한 것 같아서'란 응답도 34.5%에 달했다.

취업 상황이 너무나 어렵기 때문에 우선 취직부터 해야 하는 사정을 이해하지 못하는 바는 아니다. 그러나 첫 단추가 잘못 끼워지면 계속해서 문제가 생긴다는 측면에서 바람직한 현상은 아니다. 막상 들어갔는데 적성에 맞지 않거나 직무가 자신과 잘 어울리지 않는 경우 결국은 그만두고 다른 직장을 구해야 하므로 더 큰 어려움에 직면할 수 있다. 통계청에 따르면 실제 첫 직장을 다니는 기간이 평균 1년6개월밖에 되지 않는다고 한다. 따라서 가급적 자신에게 맞는 직장이나 자신과 잘 어울리는 직무를 선택하는 것이 중요하다. 빨리 직장을 얻는 것보다 조금 늦더라도 자신에게 맞는 직장을 구하는 것이 바람직하다.

자신에게 맞는 일자리를 구하기 위해서는 우선 자신을 분석하는 것이 필요하다. 내가 무엇을 잘할 수 있는지, 나에게 알맞은 직업과 직무는 무엇인지를 알아야 어떤 직군, 어느 업무에 들어가야 하는지 판단할 수 있다. 그리고 이에 맞추어 어느 회사의 어떤 분야에 들어가야 하는지도 결정할 수 있다. 취업은 결국 회사와 나를 맞추는 작업이다. 즉 회사와 나를 매칭(matching)하는 것이다. 그러기 위해서는 자신의 분석이 전제가 돼야 한다. 하지만 막상 자기 자신을 스스로 정확하게 알기는 의외로 어렵다.

실제로 학생들에게 무엇을 잘할 수 있는지, 어떤 것을 하고 싶은지 물어보면 제대로 대답하지 못하는 경우가 허다하다. 그러나 자기 자신을 정확하게 알고 있어야 취업의 불확실성에서 벗어날 수 있다. 직업이나 직무 선택에도 자기 분석이 필요하지만 자소서를 작성할 때도 이 과정이 선행돼야 한다. 자라온 환경에서 얻은 자신만의 특징이 무엇인지, 또 학교생활과 사회활동을 통해 터득한 것은 무엇인지 등을 정확하게 파악하고 있어야 한다. 그래야 자소서의 질문에 맞추어 가장 적절한 소재를 활용, 인사담당자의 마음에 드는 자소서를 쓸 수 있다.

자신이 지나온 과거를 유아기(유치원), 초등학교, 중학교, 고등학교, 대학교 등 단계별로 구분해 나와 연관된 중요한 사실들을 각각 몇 개씩 단어로 나열(리스트업)해 보면 자신의 전체를 조망하면서 자기 자신을 분석할 수 있다. 가족·친구·애인·동아리·사회경험 등 나와 연관된 중요 사항을 나열하면 대체적으로 자신의 윤곽이 드러난다. 좋았던 순간이나 힘들었던 순간을 나열해 보기만 해도 자기 자신을 판단하는 데 도움이 된다.

이렇게 나열한 것 가운데 중요하다고 생각되는 것을 추리면 나의 흥미·가치관·성격·적성·장점·단점 등을 판단할 수 있다. 가급적 각각 하나의 단어로 집약하면 좋다. 이러한 과정을 통해 자신에게 적합한 직군·직업·직무 등을 선택하는 데 도움을 얻을 수 있다. 묻지마 지원으로 시간과 에너지를 소모하는 것을 조금이라도 방지할 수 있다. 또한 자기소개서를 작성할 때 장단점은 물론 각 질문에 부합하는 소재를 선택하고 포트폴리오로 활용할 수 있는 유용한 자료로 사용할 수 있다.

만약 이러한 과정이 번거롭거나 힘들다면 공식적인 검사를 해보는 것도 좋다. MBTI 성격유형검사, STRONG 직무흥미검사, 애니어그램 유형 테스트, 홀랜드 진로적성검사, 아우란트 검사 등이 이런 것들이다. 자기 자신보다 남들이 나에 대해 더 잘 아는 경우도 있으므로 다른 사람의 의견을 참고할 필요도 있다. 가족이나 친구의 의견을 활용하는 것이 좋은 방법이다. 남들에게 물어보면 스스로 몰랐던 모습이나 알면서도 적절한 표현 방법을 찾지 못했던 새로운 모습을 발견할 수 있다.

02 회사를 120% 분석하라 (Company analysis)

───── **회사 분석은 나의 애정을 보여주는 출발점**
어떤 회사인지 분석한 뒤 그에 맞춰 작성해야

연애를 할 때 상대방에 대해 알면 훨씬 성공하기 쉽다. 상대가 어떤 것을 좋아하는지, 어떤 것을 싫어하는지 안다면 연애에 성공할 확률이 높아진다. 상대를 정확하게 알고 그에 맞추어 접근한다면 상대도 나에게 쉽게 호감을 가질 수 있다. 자기소개서도 마찬가지다. 기업 역시 자기 회사와 잘 맞는 사람을 원하므로 그 회사에 대해 철저하게 알아낸 뒤 그에 맞추어 작성해야 통과될 가능성이 커진다.

따라서 자기소개서를 작성하기 전에 우선적으로 해야 할 일 가운데 하나가 그 회사에 대해 충분히 연구하는 것이다. 취업은 결국 나와 회사를 맞추는 작업이므로 나를 분석함과 더불어 지원하는 회사를 충분히 분석해야 한다. 여기저기 자소서를 내다 보니 학생들이 대부분 이 점을 소홀히 하는 경향이 있다. 하지만 그 회사에 대해 잘 모르고 작성한다면 인사담당자의 마음에 드는 자소서를 작성하기 어렵다.

그 회사의 경영 이념이나 목표는 무엇인지, 조직의 유형이나 구조는 어떠한지, 조직문화는 어떤지 등을 미리 조사해야 한다. 또 어떤 인재를 원하는지, 업종과 업무는 무엇인지, 어떤 제품이나 서비스를 판매하는지, 지금 상태는 어떠한지 등을 미리 파악해야 한다.

요즘 들어 특히 회사 내에서 강조하는 것은 무엇인지, 역점을 두고 벌이는 사업은 무엇인지, 잘나가는 제품은 무엇인지 등도 미리 알아야 한다. 그래야 그에 맞추어 자신이 그 회사가 원하는 인재라는 것을 제대로 보여줄 수 있다. 회사에 대한 철저한 분석은 회사에 대한 나의 애정을 보여주는 출발점이다.

1 / 홈페이지 조회

요즘은 대부분의 회사가 홈페이지를 운영하고 있다. 홈페이지에 들어가면 그 회사에 대한 많은 정보를 얻을 수 있다. 조직의 역사·유형·체제·구조에서부터 조직의 목표·문화에 이르기까지 그 회사의 조직과 관련한 필요 정보가 망라돼 있다. 홈페이지에 들어가 보기만 해도 이처럼 웬만한 정보를 다 얻을 수 있고 그 회사의 특징에 대해 감을 잡을 수 있다.

홈페이지에는 우선 회사 연혁이 나와 있다. 언제 설립했으며 어떠한 과정을 거쳐 왔는지 기술돼 있다. 해외 사무소 개설이나 해외 공장 설립 등도 나와 있다. 공장 준공, 해외 파트너와 업무 협약 체결, 회사의 각종 수상 내역 등도 언급돼 있다. 이를 보면 그 회사의 큰 흐름과 줄기를 파악할 수 있으며 자소서 작성에 많은 도움이 된다.

또한 회사의 홈페이지에는 경영이념이 나와 있다. 어느 홈페이지에는 경영이념이 사업부국(국민들이 필요로 하는 소비물자 확보를 원활하게 한다), 기술향상(널리 인재를 모아 기술의 향상을 도모한다)이라고 나와 있다. 또 어떤 회사는 고용창출(여러 사람들에게 취업의 기회를 주어 사회에 이바지한다), 사회공헌(수익을 창출하면서도 사회적 가치를 지속적으로 추구한다)이라고 돼 있다. 전체적으로 이러한 경영이념에 맞추어 자소서를 작성하고 또 자신의 이야기를 서술하면서 이러한 요소가 적절하게 녹아나도록 반영하면 좋다.

홈페이지에는 회사 설립자나 최고경영자(CEO)의 인사말도 나와 있다. 이 역시 경영이념과 함께 참고할 자료로 유용하게 쓰일 수 있다. 전국에 산재한 회사 사업장도 소개돼 있다. 각 사업장의 특징이나 생산제품 등도 알려주고 있다. 계열사나 관계사에 대해서도 나와 있으며 각각의 업종과 생산제품을 소개하고 있다. 또한 회사의 로고(CI), 심벌마크(BI)와 그것이 의미하는 바를 소개하고 있다. 그 회사의 조직과 각 조직의 역할 등에 대해서도 자세하게 나와 있다. 이런 것들은 자소서를 쓰는 데 소중한 자료가 되고 이를 잘 활용하면 훨씬 더 인사담당자의 마음에 드는 자소서를 작성할 수 있다.

2 / 기사 조회

그 회사에 대한 정보를 얻는 또 한 가지 방법은 기사를 조회해보는 것이다. 포털 사이트에 들어가 그 회사 이름을 치면 관련 기사가 나온다. 몇 달치 기사를 조회해보면 그 회사와 관련한 많은 정보를 얻을 수 있다. 이것만 조회해도 최근의 회사 동향을 웬만큼 파악할 수 있다. 포털에 올라온 기사를 몇 년 치까지도 간단하게 조회할 수 있으므로 되도록 많은 기사를 보면서 필요한 정보를 얻어야 한다.

기사에는 회사 이름이나 로고를 언제 바꾸었는지 나와 있다. 창립 기념일에는 어떤 행사를 했으며 어떠한 점을 강조했는지, 앞으로 나아갈 방향을 무엇이라 밝혔는지도 실려 있다. 기사를 보면 그 회사가 최근 어디어디에 공장을 준공하고 지점을 개설했는지 알 수 있다. 언제 어떤 특허를 획득했고, 경쟁 회사와 어떤 제품, 어떤 시장을 두고 다투고 있는지, 최근에는 어떤 제품을 개발했는지 등도 알아낼 수 있다.

기사에는 그 회사가 어떤 사회적 공헌을 하고 있는지도 잘 나와 있다. 사회적 공헌을 하는 회사 내 기구의 이름이나 사회적 공헌활동에 붙이는 명칭을 알 수 있으며 활동사항을 자세하게 파악할 수 있다. 내가 만약 봉사정신을 내세우고 싶다면 더없이 좋은 자료다. 회사의 최근 실적에 관한 내용도 나와 있다. 전체적인 경영상황뿐 아니라 어느 제품이 시장에서 어떠한 반응을 얻고 있는지에 관한 정보도 얻을 수 있다.

특히 기사에는 최근 그 회사가 좋은 활약을 보여주고 있는 부분뿐 아니라 고전하는 부분에 대해서도 나와 있다. 전자제품을 만드는 회사라면 어떤 제품이 경쟁회사에 밀리고 있으며 이를 만회하기 위해 어떠한 전략을 세우고 있는지, 어떤 제품을 시장에 새로이 내놓으면서 기대를 걸고 있는지도 언급돼 있다. 이 모두가 자소서를 작성할 때 유용하게 참고할 수 있는 소중한 자료다. 예를 들어 자소서 포부를 적는 난에 회사가 고전하는 부분에서 내가 어떤 능력을 발휘해 어떻게 기여할 수 있는지 구체적으로 적는다면 인사 담당자에게 좋은 인상을 줄 수 있다.

3 / 선배들에게 문의

홈페이지나 기사를 조회해도 잘 모르는 것이 있을 수 있다. 바로 직장 내 문화나 분위기다. 회사가 처한 여건에 따라 직장 내 분위기가 그때마다 달라질 수 있다. 이런 것은 아무래도 그 직장에 근무하고 있는 내부 인사가 잘 알게 마련이다. 그 회사에 들어간 선배가 있다면 전화나 이메일, 직접 접촉 등으로 따끈따끈한 정보를 얻을 수 있다.

조직 문화나 내부 분위기는 외부에서도 어느 정도 알고 있을 수 있지만 실제 근무자들에게 물어보는 것이 가장 정확하다. 회사마다 다소 다른 문화나 분위기를 보일 수 있으므로 이를 파악하는 것이 필요하다. 직장에서 창의성을 강조하는지, 인화단결을 중요시하는지, 시너지 효과를 내기 위해 직원들끼리 어떤 관계를 강조하는지 등도 도움이 되는 정보다.

최근 회사에서 부쩍 강조하는 기타 요소는 무엇이며 역점을 두고 개발하는 제품은 무엇인지, 어느 회사의 무엇을 따라잡기 위해 어떤 노력을 기울이고 있는지, 최근 새로운 영역을 개척하기 위해 어떤 전략을 세우고 역량을 집중하고 있는지 등 구체적인 사안도 바로 알 수 있다. 이러한 요소는 인재를 뽑을 때 우선적으로 고려하는 사항이기 때문에 그에 맞추어 자소서를 작성하는 것이 중요하다.

특히 실제적으로 어떤 인재를 뽑는지는 똑같은 절차로 취업관문을 통과한 선배에게서 듣는 것이 많은 도움이 된다. 실질적이고 직접적으로 도움이 될 수 있는 유용한 정보다. 예를 들면 자소서에서 어떤 점을 중점적으로 보는지, 그 선배는 실제로 어떻게 작성해 무난히 들어갔는지 등에 관한 정보를 얻는다면 훨씬 더 손에 잡히는 자소서를 작성할 수 있다. 취업 공고에서는 정확하게 수치를 밝히지 않았지만 이번 모집에서 몇 명을 선발하며 어떤 분야에서 더 많은 사람을 뽑는지 알아내는 것도 유용한 정보가 아닐 수 없다. 평소 친하지도 않은 선배에게 연락하는 것이 쑥스러울 수도 있지만 선배들은 후배가 연락해 오면 모두 반가워한다. 직접 전화하거나 찾아가기가 뭣하다면 페이스북 등 SNS를 통해 접촉해도 된다.

4 / 인사담당자에게 문의

그 회사에 대해 파악하는 가장 좋은 방법 가운데 하나는 인사담당자에게서 직접 필요한 정보를 얻는 것이다. 직접적으로 내 자소서를 읽고 합격 여부를 판단하게 될 인사담당자에게 궁금한 사항을 물어보고 조언을 구할 수 있다면 이보다 좋은 일이 있을 수 없다. 그러나 인사담당자를 개인이 만나거나 통화하기는 사실상 쉽지 않다. 하지만 기회는 있다. 바로 취업박람회다.

대학에서는 종종 '잡 페스티벌' 등의 이름으로 취업 관련 행사를 열어 학생들에게 도움을 주고 있다. 이때 각 회사의 인사담당자들을 초청해 그들로부터 회사의 인재상이라든가 신입사원을 뽑을 때 중요시하는 점들을 알아볼 수 있도록 부스를 마련하고 상담에 응하도록 하고 있다. 이런 기회를 놓치지 말고 자신이 꿈꾸고 있는 회사라면 반드시 찾아가서 궁금한 점들을 물어보는 것이 좋다.

대기업의 경우 간혹 인사담당자들이 대학에 와서 취업 설명회를 열기도 한다. 강당 같은 데서 학생들을 모아놓고 그 회사의 제반 사항과 인재 채용 등에 대해 설명한 뒤 질문을 받는 형식으로 진행하곤 한다. 회사의 소중한 정보가 담긴 팸플릿을 나눠 주기도 한다. 취업 규모라든가 시기, 모집 방법 등 직접적으로 필요한 정보를 미리 알아볼 수 있는 기회가 된다. 이런 자리에 참가해도 유용한 정보를 얻을 수 있다.

학교에서 열리는 행사가 아니더라도 지원하는 회사의 인사담당자를 만나볼 수 있는 기회가 있다. 바로 취업박람회다. 대규모 취업박람회에서는 많은 기업이 자사 부스를 마련해 취업과 관련한 홍보를 하고 자문에 응하고 있으므로 이런 곳을 찾아 정보를 얻어도 된다. 대기업과 협력사가 하는 개별 그룹 취업박람회도 코엑스나 시청 등에서 종종 열리고 있으므로 참여하면 유용한 정보를 얻을 수 있다.

물론 이런 곳을 찾아다니기가 불편할 수도 있지만 자신의 취업과 인생이 걸린 문제이므로 부지런히 발품을 팔면서 정보를 얻어야 한다. 취업박람회 일정은 인터넷에서 조회하면 알 수 있다. 학교의 취업진로처를 찾아가 물어봐도 된다. 참고로 취업진로처에는 잡 페스티벌이나 취업박람회 일정은 물론 기타 취업과 관련한 정보가 망라돼 있다. 기업체에서 요청한 추천서를 갖고 있는 경우도 있다. 취업진로처는 학생들의 취업에 실질적인 도움을 주기 위해 노력하고 있으므로 자주 들러 필요한 정보를 얻는 것이 바람직하다.

03 직무를 120% 분석하라 (Job analysis)

요즘 회사가 중요시하는 요소가 직무 적합성
그 직무에서 무엇을 하는지 구체적으로 알아내야

  회사는 직원에게 업무를 맡기려고 사람을 뽑는다. 앞으로 맡게 될 업무를 잘 처리해낼 수 있는 사람을 필요로 한다. 요즘 인재 선발에서 중요시하는 요소 가운데 하나가 직무 적합성이다. 지원자가 아무리 좋은 이야기를 늘어놓더라도 직무와 관련성이 적다면 무용지물이다. 자신의 스토리를 직무와 적절하게 연결시키기 위해서는 자신이 지원하는 분야의 직무를 분석하는 것이 필요하다.

  앞서 회사를 분석할 때 사용한 방법과 마찬가지로 지원 분야의 직무 역시 그 회사의 홈페이지나 인터넷을 통해 구체적인 정보를 얻을 수 있다. 먼저 들어간 선배에게서 정보를 얻는 것도 좋은 방법이다. 가급적 그 직군과 직무 분야에서 무엇을 하는지 구체적으로 알아내야 한다. 업무 수행 방법, 업무 환경, 목표, 노동 강도, 업무에 필요한 지식이나 자격, 권한, 책임 등을 파악하는 것이 바람직하다.

  홈페이지나 인터넷 또는 선배를 통해 알기 어렵다면 직무사전을 참고하는 것이 도움이 된다. 직무사전에는 1만여 가지의 직무를 자세하게 소개하고 있으므로 웬만한 직무에 대해서는 필요한 정보를 얻을 수 있다. 예를 들어 총무부·인사부·기획부·회계부·영업부 등 각각의 직무와 관련한 내용이 상세하게 나와 있다.

나와 회사의 분석이 합격으로 가는 출발점

자소서 작성 과정

자기분석 ▶ 회사분석 ▶ 직무분석

▶ 나-회사-직무 매칭 ▶ 자소서 작성

자소서 서술 구조

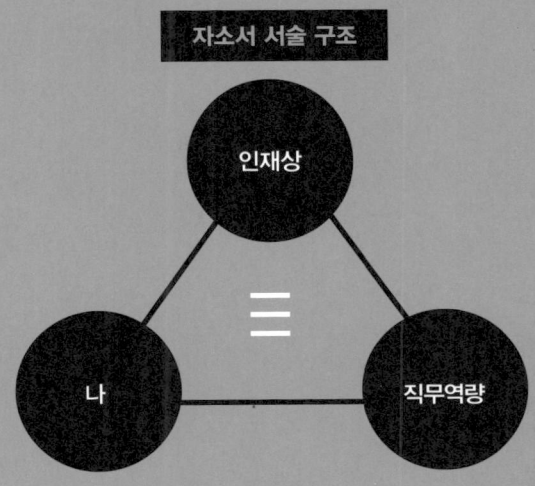

인재상 = 나 + 직무역량

제 3 장

이렇게 쓰면 합격한다

01 회사의 인재상에 맞추어라

───── 각 회사의 인재상과 선호하는 인물 다르므로
그에 맞추어 자신이 적합하다는 것 보여줘야

회사에서 신입사원을 뽑을 때 가장 먼저 고려하는 요소가 무엇일까? 바로 인재상이다. 인재상은 그 회사의 인물을 뽑는 기준을 하나의 단어로 압축한 것이다. 기업이 원하는 인재의 핵심 가치라고도 할 수 있다. 아무리 능력이 있다고 해도 그 회사가 원하는 인재상에 맞지 않는다면 소용이 없다. 회사마다 분위기에 차이가 있고 요구하는 인물상이 다르기 때문에 무엇보다 인재상에 맞추어 자소서를 작성하는 것이 중요하다.

앞서 밝힌 대로 자소서를 작성하기 전에 그 회사를 철저하게 분석해 우선적으로 인재상이 무엇인지 찾아내고 그에 맞추어 서술해야 한다. 각 회사의 인재상을 분석해 보면 대체적으로 전문성(Specialty), 창의성(Unconventionality), 도전정신(Pioneer), 도덕성(Ethicality), 주인의식(Responsibility) 등이다. 이들의 머리글자를 따 기업은 슈퍼(SUPER)맨을 원한다고 하기도 한다. 이 밖에 열정, 끈기, 글로벌 능력 등을 인재상으로 제시하는 회사도 많다.

지식정보 사회에서 정보기술(IT)이 하루가 다르게 발전하는 시대에 신기술을 개발하고 신사업에 진출하기 위해서는 창의성이 필요하다. 좁은 국내 시장만으로는 기업을 영위할 수 없으므로 어느 회사나 해외시장 진출은 필수적이다. 따라서 외국어 능력, 글로벌 경험, 세계 시장을 향한 넓은 시야와 열린 마음 등 글로벌 능력이 있어야 한다. 최근 글로벌 저성장과 내수침체 장기화에다 브렉시트(Brexit, 영국의 유럽연합 탈퇴) 여파를 겪고 있는 상황에서 신시장을 개척해 나가려면 도전정신도 필요하다. 또한 역경을 뚫고 나아가기 위해서는 주인의식이 있어야 한다. 이러한 인재상 가운데 회사가 특히 원하는 인물이 어떤 사람인가를 파악하고 이에 맞추어 자소서를 작성하는 것이 무엇보다 중요하다.

창의적인 인재를 원한다면 자신에게 무엇인가 새로운 것을 고안해내는 독창성이 있음을 보여주어야 한다. 도전정신이 강한 사람을 찾는다면 힘든 일에 도전한 경험을 구체적으로 밝혀야 한다. 주인의식이 강한 인물을 뽑는다면 자신이 어떻게 조직이나 단체를 내 것처럼 여기면서 주인의식을 발휘하는 사람인지 사례를 들어 설명해야 한다. 또한 인화단결에 주안점을 두는 회사라면 원만한 대인관계로 시너지 효과를 낼 수 있음을 보여주어야 한다.

즉 자신이 어떤 점에서 그 회사의 인물상에 부합하는지, 그리고 그 인물상에 맞추어 회사에 어떻게 기여할 수 있는지를 구체적으로 언급해야 한다. 따로 인재상과 관련한 직접적인 질문 항목이 없더라도 지원동기 등에서 자신이 그 회사의 인재상에 부합한다는 것을 언급해야 한다. 전체적으로 모든 질문 항목을 작성하면서 인재상을 염두에 둬야 한다. 인재상은 자소서 전체를 통괄하는 큰 틀의 개념이나 철학으로 인식하고 질문의 항목 곳곳에서 녹여내야 하며 그 범위를 벗어나지 않는 것이 필요하다.

다음 자소서를 보자.

▤ 다른 사람과 협동 작업을 통해 좋은 결과를 이루어낸 경험을 서술하시오.
대학교 1학년 때 '현대사회와 광고'라는 수업에서 전자사전을 광고하는 팀 과제를 하게 되었습니다. 대학교에 입학하여 처음으로 해보는 팀 과제였기 때문에 팀장을 맡아 적극적으로 참여한 적이 없는 저로서는 다소 부담스러웠던 것이 사실입니다. 특히 외국 학생들과 한 팀을 이루었기 때문에 그들과 어떻게 협업을 해 좋은 결과를 이끌어낼지 고민스러웠습니다.

그래서 저는 팀원 한 사람 한 사람의 특성을 분석한 뒤 각각 그에 맞는 역할을 분담하기로 했습니다. 한국말이 서툰 일본인과 중국인 친구에게는 시장이나 제품분석보다는 광고 밑바탕 그리기와 촬영 등을 부탁해 함께 참여할 수 있도록 했습니다. 발표 경험이 많은 관광학부 학우는 발표를, 분석력이 뛰어난 법학과 학우는 시장분석을, 경영학과 학우는 광고전략 제시를, 나름대로 논리적인 글쓰기 능력을 갖추었다고 생각하는 저는 최종보고서 작성을 맡는 등 각자 잘하는 분야로 과제를 분담해 효율적으로 팀 프로젝트를 마무리할 수 있었습니다.

다양한 전공과 국적이 다른 사람들이 한 팀이 되었기 때문에 각자의 특성을 살리면서 다른 관점에서 여러 가지 아이디어를 모을 수 있었습니다. 발표 전날에는 학교에서 다 같이 밤을 새며 리허설을 하자고 제안했습니다. 밤새 리허설을 하면서 마무리 준비까지 무사히 한 결과 A$^+$라는 좋은 성적을 얻을 수 있었습니다. 구성원 각자 특성과 장점이 있기 때문에 그것을 충분히 발휘할 수 있게끔 서로를 배려하고 함께 노력한다면 시너지 효과를 거둘 수 있다는 것을 깨달았습니다.

👍 좋아요

    이 회사의 인재상은 인화단결이다. 질문 항목도 '협동 작업을 통해 좋은 결과를 이루어낸 경험을 서술하시오'라고 돼 있다. 이러한 회사의 인재상과 질문항목에 맞추어 수업 과제를 수행하면서 협업으로 성공적인 결과를 이끌어낸 경험을 나름대로 잘 적었다고 볼 수 있다. 다양하게 구성된 학생들의 특성을 살려 그들의 능력을 충분히 발휘할 수 있게끔 유기적으로 협조해 시너지 효과를 이끌어낸 사례를 구체적이고도 생생하게 서술하고 있다. 회사에 들어가서도 여러 사람이 어울려 함께 업무를 수행한다면 팀워크에 의한 시너지 효과로 목표를 달성할 수 있음을 보여주고 있다. 꼭 질문이 이렇게 협동 작업을 해 성과를 낸 경우를 적으라고 하지 않더라도 인화단결이 인재상이라면 전체적으로 이러한 측면을 보여주어야 한다.

02 직무역량(직무적합성)을 어필하라

―― 직무를 철저하게 분석한 다음 그에 맞추어
자신이 어떻게 잘 해낼 수 있는지 보여줘야

자신만의 스토리가 중요하다고 해서 아무 이야기나 좋은 것은 아니다. 아무리 훌륭한 이야기이더라도 그 회사에 꼭 필요한 것이 아니면 쓸모가 없다. 바로 직무와 관련성이다. 인사담당자들이 신입사원 선발 시 가장 중요하게 여기는 요소 가운데 하나가 직무능력 또는 직무적합성이다. 신입사원을 선발하는 이유는 결국 직무를 맡겨 그 일을 해내도록 하는 것이기 때문이다. 아무리 스펙이 훌륭하고 경험이 많다고 해도 직무와 관련되지 않은 것이면 관심을 기울이지 않는다.

자신의 스토리를 직무와 연결시키기 위해서는 지원하는 분야의 직무를 분석하는 것이 전제가 돼야 한다. 즉 자신이 지원하는 분야의 업무를 먼저 분석한 다음 그에 맞추어 자신의 스토리를 전개해 나가야 한다. 앞서 이야기한 대로 지원 분야의 직무는 그 회사의 홈페이지나 인터넷을 통해 구체적인 정보를 얻을 수 있다. 먼저 들어간 선배에게서 정보를 얻는 것도 좋은 방법이다. 직무사전을 활용해도 된다. 이러한 직무 분석을 토대로 직무와 자신을 매칭(matching)시켜야 한다. 즉 자신의 톱니바퀴와 회사의 톱니바퀴가 서로 유기적으로 맞물려 잘 돌아갈 수 있음을 보여주어야 한다. 그간 쌓아온 지식이나 인턴 경험, 기타 관련 있는 활동 사항을 스토리로 만들어 직무와 연결시켜야 한다. 맡게 될 직무와 관련해 본인의 성격적 특성이나 장점, 전공, 그간 노력해온 경험 등이 직무를 수행하는 데 누구보다 경쟁력이 있음을 입증해야 한다.

직무에 창의성이 중요하다면 창의성을 보여줄 수 있는 스토리를 제시해야 한다. 직무의 성격상 팀워크가 중요하다면 여러 사람이 협력해 시너지 효과를 내면서 성공적으로 업무를 수행해낸 경험을 서술해야 한다. 직무에 자신이 어떻게 적합한지, 그 직무에 어떤 자세로 임할 것인지, 또 어떠한 성과를 이룰 수 있을지 등을 자세하게 적어야 한다. 이처럼 직무 연관성을 중심으로 자신만의 스토리를 연결시켜 인사담당자를 설득해야 서류 전형을 통과할 수 있다.

다음 사례를 보자.

> **마케팅 분야에 있어서 왜 본인이 적임자인지 제시하십시오. (700자)**
>
> 관광시장조사론 수업을 통해 고객의 행동패턴과 향후를 예측할 수 있는 SPSS를 배웠습니다. 마케팅 적용 이전에 가장 중요한 첫 단계는 시장 분석입니다. 이를 도와주는 SPSS를 배움으로써 고객의 미래 수요를 예측하고 영향관계 등을 파악할 수 있었습니다. 또한 SNS 홍보가 영향력이 있는지를 알아보기 위해 설문지를 만들어 조사한 뒤 이를 분석하고 통계를 내 실제로 큰 영향이 있다는 것을 알아냈습니다.
>
> 통합마케팅커뮤니케이션을 통해 상품을 홍보하는 수단들을 제작하는 기회도 가졌습니다. 금선사 템플스테이를 홍보하기 위해 금선사의 강점인 경치, 가격, 프로그램 등을 파악해 가족 단위 외국인 관광객을

겨냥한 새로운 포지셔닝을 했습니다. 이를 토대로 경치를 강조한 영상물과 각종 정보를 쉽게 얻을 수 있는 팸플릿을 제작하고, 기념품이 될 수 있는 엽서 스티커 등을 만들어 외국인들에게 홍보했습니다.

또한 BHA, KIS에 수업매니저로 인턴을 할 당시 수업 참여 학생들을 장기 고객으로 유치하기 위해 마케팅을 펼쳤습니다. 우선 부모와 학생의 관심사인 성적 향상과 대학 진학의 두 가지 목표를 해결할 수 있는 방법들을 구체적으로 알려주며 장기고객으로 모았습니다. 학생들이 특별 관리를 받고 있다는 점을 부모님께 알리는 문자를 전송했고, 부모님과 심층 상담을 통해 유대감을 형성했습니다. 직접 제작한 번역 기사와 프로그램 안내 포스터 등을 제공하기도 했습니다. 이를 통해 마케팅의 핵심인 고객과의 관계를 형성하는 법을 배웠습니다.

 좋아요

직무인 마케팅 분야에 필요한 지식과 실무 경험을 쌓음으로써 자신이 직무에 적합한 인물이라는 것을 나름대로 설명하고 있다. 이처럼 직무에 자신이 어떻게 적합한지 필요한 지식과 실무 경험 등의 사례를 제시하면서 구체적으로 밝히면 된다. 마케팅 실무 경험을 두 가지로 이야기하다 보니 더욱 구체적으로 이야기를 진행시키면서 생생하게 전달하지 못했다는 아쉬움이 있기는 하지만 그런대로 자신이 적임자라는 것을 어필하고 있다. 직무와 관련한 질문 항목이 있으면 이와 같이 서술하면 되고 직접적으로 직무와 관련한 질문 항목이 없는 경우에는 지원동기 등에서 자신이 그 회사와 직무에 적합한 인물이라는 것을 보여주면 된다.

03 자신만의 주제를 가져라

―― 우수한 것이 아니라 유일한 것이 필요
자신만의 주제로 일관성 있게 작성해야

학생들이 내세우는 주제는 대체로 비슷하다. 해외연수를 통해 어학능력을 길렀고, 서클 등 학교생활을 통해 리더십이나 인화단결 능력 등을 키웠다는 것이 주된 스토리다. 조금 차별성이 있다면 인턴이나 알바를 통해 관련 분야의 지식과 경험을 얻었다는 것 정도다. 이처럼 학생들의 자기소개서를 읽어보면 비슷비슷해 특별한 차이점을 발견하기 어려운 경우가 대부분이다. 자신만의 특색 없이 고만고만한 이야기로 자소서를 작성한다.

그러나 비슷비슷한 주제로는 경쟁력을 확보할 수 없다. 남들과 다른 무엇이 있어야 한다. 즉 자신만의 주제(테마)가 필요하다. 남들이 다 하는 것을 자신이 더 잘한다고 하는 것은 경쟁력이 없다. 남들이 잘 하지 않는 것, 나만의 특별한 무엇이 중요하다. 남들과 차별화되는 자신만의 주제를 가지고 이야기를 풀어 나가야 한다. 자기 분석을 통해 추출해낸 자신만의 주제를 설정하고 처음부터 끝까지 그 주제의 틀 안에서 일관성 있게 작성해 나가는 것이 바람직하다.

그러자면 먼저 자신의 주제에 해당하는 장점이나 특별한 능력이 어떠한 환경에서 생성되고 어떻게 심화·발전돼 왔는지를 적어야 한다. 그런 다음에는 자신의 주제를 회사의 특성과 일치시켜야 한다. 지원하는 회사의 특성과 자신의 주제를 연결시켜 그 기업에서 필요로 하는 인재가 바로 자신임을 보여줘야 한다. 자신의 주제가 리더십이라면 어떠한 환경에서 리더십이 생성됐고 그것을 어떻게 심화·발전시켰는지를 적은 다음 그러한 장점을 가진 자신이 이 회사에 가장 적합한 인물임을 설득해야 한다.

나아가 자신의 주제에 맞춰 장래 포부를 밝혀야 한다. 회사에 들어가 무엇을 어떻게 해나갈 것이며 어떤 사람이 될 것인지 주제에 맞추어 일관성 있게 서술해야 한다. 즉 자신의 주제를 활용해 회사의 어느 분야에서 어떤 성과를 이룰지 구체적으로 적어야 한다. 성장과정과 학교생활, 사회활동 등에서는 A라는 주제를 이야기해 놓고 포부를 밝힐 때는 B라는 장점을 끌어들여 활용한다면 일관성이 없어 좋은 인상을 줄 수 없다.

A가 자신의 주제라면 먼저 어떠한 가정환경·성장과정에서 장점 A를 배웠는지를 서술해야 한다. 그리고 대학과 사회생활(알바·인턴 등)에서 장점 A를 심화·발전시켰다는 것을 설명해야 한다. 그런 다음에는 이러한 A를 가지고 있기 때문에 지원하는 회사에 꼭 필요한 인재라는 것을 부각시켜야 한다. 마지막으로 A를 활용해 장래 어느 분야에서 어떤 성과를 낼 수 있는지를 상세하게 적어야 한다. 이 과정에서 추상적이거나 누구에게나 있음직한 내용은 과감하게 삭제하고 주제에 집중해야 한다.

다음 자소서를 보자. 삼성전자에 합격한 자소서다. 중앙일보에 소개된 것으로 삼성전자 인사담당자가 잘 쓴 소개서로 뽑은 것이다.

사회인으로서 가장 중요하고 기본적인 자질은 끈기와 팀워크라고 생각합니다. 저는 이 두 가지를 대학교 1학년 여름방학 때 친구들과 자전거로 부산까지 여행하는 동안 배울 수 있었습니다. 하루 한 시간 이상 자전거를 타본 적이 없었던 저에게는 체력적으로 다소 힘든 도전이었습니다. 특히 정오 무렵 오르막길에서는 당장이라도 포기하고 싶다는 생각이 들었습니다. 하지만 이를 악무는 근성을 키우며 7일 만에 부산에 입성했습니다.

… 비록 페달은 혼자 밟지만 친구들과 호흡이 중요하다는 것도 깨달았습니다. 맨 앞에서 달리는 사람은 너무 빨라지지 않게 뒤를 배려해야 하고, 뒤를 따르는 사람은 너무 뒤처지지 않게 최선을 다해야 하기 때문입니다. 친구들과 서로 순번을 바꿔 달리면서 서로를 이해하며 우정이 더 돈독해질 수 있었습니다. 팀워크를 바탕으로 끈기 있게 도전할 줄 아는 저야말로 삼성전자에 적합한 인재라고 생각합니다.

 좋아요

학점 3.73(4.5점 만점), 토익 940점으로 두 가지는 높은 편이었지만 인턴 경력이나 해외 경험, 자원봉사 경험 등은 없었다. 특이 경력도 없었다. 학점·영어 등 단순 스펙을 그리 중요하게 여기지 않는 요즘 선발 기준에서는 취업하기 쉽지 않은 조건이다. 하지만 합격했다. 합격 비결은 바로 자신만의 스토리다. 남들이 다 하는 것이 아니라 나만이 경험한 스토리다.

자전거를 타고 부산까지 가는 특별한 경험을 서술하면서 여러 사람이 어떻게 호흡을 맞추어 무사히 목표를 이루어 냈는지를 구체적으로 서술하고 있다. 무엇보다 자전거를 그리 많이 타본 경험이 있는 것도 아닌데 부산까지 간다는 것은 커다란 모험이 아닐 수 없다. 그럼에도 새가 장거리 이동을 할 때 선두 자리를 바꾸어 가면서 날듯 협업을 통해 무사히 목표에 도달한 경험을 구체적이고도 생생하게 서술하고 있다. 이를 통해 도전정신과 팀워크를 잘 보여 주면서 인사담당자에게 강하게 어필하고 있다. 이것이 바로 자신만의 주제, 자신만의 스토리가 가진 힘이다.

자신만의 주제로 스토리 라인 구성

주제: 리더십
1. 이러한 가정환경과 성장과정에서 리더십이 잉태되고 길러졌다.
2. 대학에서 전공을 살리고 서클활동, 알바·인턴 등을 하면서 리더십을 심화·발전시켰다.
3. 이런 리더십이 지원하는 회사의 인재상이나 직무에 꼭 필요하고 잘 맞기 때문에 이 회사에 지원하게 됐다.
4. 리더십을 발휘, 어떤 업무를 맡아서 무슨 목표를 어떻게 이룰 것인지를 수치를 활용해 구체적으로 밝힌다.

04 성장과정에서 주제를 추출하라

— 성장과정에서 대표적 이미지나 특징 이끌어내야
주제는 전체를 흐르는 자신의 정체성으로 작용

자소서의 첫째 질문 항목은 대부분 성장과정이다. 어떤 환경에서 자라고 어떠한 성장과정을 거쳤는지가 개인을 판단하는 중요한 요소이기 때문이다. 가정환경에서 기본적으로 그 사람의 성격이나 특징이 형성된다. 그렇다고 금수저냐 흙수저냐를 보는 것은 아니다. 좋은 환경이라고 해서 반드시 바람직한 성격이 형성되는 것은 아니다. 오히려 어려운 환경이 훌륭한 사람을 만드는 토양이 될 수 있다. 어려운 환경을 극복하면서 어떤 일이든 해낼 수 있는 정신력이 자연스럽게 길러질 수 있기 때문이다.

예를 들어 4형제 가운데 장남으로 태어났다면 장남으로서 동생들을 돌보면서 자연스럽게 책임감이나 리더십이라는 것이 형성될 수 있다. 또 막내로 태어났다면 가족 모두의 사랑을 받으면서 남들에게 그 사랑을 어떻게 되돌려줄 수 있을까를 생각하며 점점 봉사정신이 길러졌다는 식의 서술이 가능하다. 만약 아버님이나 어머님이 일찍 돌아가셨다면 집안에서 중요한 역할을 맡고 있다는 인식과 노력으로 어려서부터 책임감이 길러졌다고 이야기할 수 있다.

도시에서 태어났다면 그 나름의 장점이 있고 시골에서 태어났다면 그 또한 나름대로 좋은 점이 있다. 시골에서 태어났다면 서로를 배려하고 협력하는 정신이나 풍부한 정서가 장점이 될 수도 있겠다. 좋은 환경이든 불우한 환경이든 모든 환경은 자신에게 어떠한 특징이나 장점을 길러줄 수 있는 소중한 자산으로 역할을 한다. 이처럼 어린 시절 어떤 환경에서 어떠한 특징이나 경쟁력 있는 요소가 형성되고 길러졌는지를 서술하면 된다. 이것이 자신만의 주제가 된다.

성장과정에서 형성되고 길러진 주제는 자신의 정체성인 아이덴티티(identity)라고도 할 수 있다. '성장과정을 적으시오'라는 항목에서는 반드시 이러한 자신의 주제 또는 아이덴티티를 추출해 내야 한다. 즉 자신의 주제를 책임감으로 잡는다면 우선적으로 어릴 적 어떠한 가정환경과 성장과정에서 이러한 것이 태동되고 발전해 왔는지를 이야기 형식으로 서술하면서 자소서는 시작된다.

이때 주의해야 할 점은 어릴 적 가정환경에서 태동된 성격이나 특징은 가급적 한 가지로 밝혀야 한다는 것이다. 학생 가운데는 성격이나 특징을 여러 가지로 내놓는 경우가 많지만 이는 바람직하지 않다. 만약 책임감, 협동심, 인내력, 리더십 등 여러 가지를 내세운다면 어느 것도 경쟁력 있게 다가오지 않으므로 한 가지만 밝히는 것이 좋다. 한 가지를 내세우고 그와 관련된 상황을 구체적으로 설명해야 한다. 특징을 여러 가지로 내세운다면 구체적으로 다 설명하기도 어렵거니와 결국 아무런 특징이 없다는 것이나 마찬가지가 된다.

가정환경과 성장과정에서 태동된 성격이나 특징은 자소서의 전체적인 스토리를 전개해 나가는 바탕이 된다. 즉 이렇게 내세운 성격이나 특징은 자소서 전체를 관통하는 자신의 주제가 된다. 성장과정에서는 A라는 특징을 밝혀 놓고는 다른 질문에서는 또 다른 특징을 내세운다면 일관성이 없어진다. 여기서 한 가지 학생들이 부닥치는 문제가 발생한다. 만약 성장과정에서 밝히려는 자신의 성격이나 특징이 지원하는 회사와 잘 맞지 않는 경우다. 어떻게 해야 할까?

이때는 자신의 성격이나 특징을 바꿔야 한다. 지원하는 기업의 특성에 따라 성격이나 특징을 달리해야 한다. 아쉬워도 어쩔 수 없다. 아무리 좋은 특징이라 할지라도 그 회사와 맞지 않는 것은 필요 없기 때문이다. 따라서 성장과정에서 형성되고 길러진 성격이나 특징은 그 회사의 특성과 잘 맞는 것으로 선택하는 것이 요령이다. 만약 지원하는 회사가 창의력을 중요시한다면 성장과정에서 길러진 것이 창의력이면 더욱 좋다는 뜻이다.

아래 사례를 보자. 한 호텔에 지원한 자소서다.

성장과정을 구체적으로 기술해 주세요.

저는 초등학교 때 중국대사관에서 근무한 아버지를 따라 4년간 베이징에 거주하였습니다. 영국계 국제학교를 다녔기 때문에 영어와 중국어를 익힐 수 있었습니다. 국제학교에서 외국 선생님과 학생들과의 교류 경험은 제가 진취적이고 개방적인 사고를 갖는 데 큰 도움이 되었습니다. 중학교 때에는 반장을 맡는 등 학교 간부로 활동하였고, 고등학교 때에는 방송부 아나운서로 활동하면서 '성장기 청소년의 고민'을 주제로 UCC 동영상을 만들어 출품하여 교육감상을 수상하기도 하였습니다.

저는 또한 스포츠를 좋아합니다. 5살부터 수영을 시작했으며, 수영 실력은 거의 선수 급이라는 말을 듣습니다. 국제학교에서는 승마, 산악자전거, 스키 등을 접할 수 있었고, 대학에 들어와서도 스쿠버다이빙 자격증을 획득하는 등 항상 스포츠를 가까이하고 있습니다. 현재는 마라톤에 취미를 붙여 취업준비 와중에도 틈틈이 마라톤 행사에 참가하고 있습니다. 스포츠는 저에게 자신감과 활력을 제공해 줍니다.

첫 단락에서는 베이징에 거주하며 영국계 국제학교를 다녔기 때문에 영어와 중국어를 익힐 수 있었다고 나온다. 외국어 능력과 함께 진취적이고 개방적인 사고가 길러졌다고 이야기하고 있다. 중학교 때는 간부로 활동했다는 이야기도 나온다. 아마도 리더십을 염두에 둔 것 같다. 고등학교 때는 방송부 아나운서 활동을 했다고 한다. 두 번째 단락에서는 스포츠를 좋아했다는 것이 나온다. 승마 등 각종 스포츠를 접했고 스쿠버다이빙 자격증을 땄으며 현재는 마라톤을 하고 있다고 한다.

성장과정에서 자신이 한 활동이 망라돼 있다. 다른 사람과 달리 여러 가지를 경험했으며 다양한 활동을 통해 많은 능력을 가졌다는 것을 보여주고 있다. 하지만 이렇게 해서는 특징적인 이미지를 만들어낼 수 없다. 여러 가지를 나열하다 보니 어느 것도 제대로 와 닿지 않는다. 수많은 경험들이 특별한 아이덴티티로 집약되지 못하고 어지럽게 흩어져 산만한 인상을 준다. 그럴 리는 없겠지만 풍족한 가정환경과 화려한 경험을 자랑스레 늘어놓는 것으로 비칠 수도 있다.

이것보다는 외국어 능력에 집중하든가, 진취적이고 개방적인 사고에 주안점을 두든가, 각종 스포츠에 대한 취미로 도전정신이나 끈기가 길러졌다고 하든가 주제를 하나로 해 더욱 구체적으로 설명하면서 특별한 이미지를 만들어 내는 것이 낫다. 이때의 이미지는 가급적 지원하는 회사의 인재상이나 직무와 관련된 것이면 좋다. 어쨌거나 이 같은 단순 나열은 실패로 가는 지름길이다.

05 성장과정은 어릴 적 사실만 서술해야

― 성장과정은 태어나서 중고등학교까지만
대학에서의 학업이나 사회경험은 제외해야

'성장과정을 적으시오'라는 항목에는 언제까지를 적어야 할까? 학생들이 저지르는 실수 가운데 하나가 성장과정을 적으라는 항목에 대학 진학 이후 사회활동까지 서술한다는 것이다. 앞서 이야기한 대로 성장과정은 어떤 환경에서 자라고 어떠한 발달과정을 거쳤는지 보려는 것이다. 가정환경에서 기본적으로 그 사람의 성격이나 특징이 형성되기 때문이다. 따라서 어릴 적 자신의 가정환경을 설명하면서 여기에서 어떠한 성격이나 특징이 형성되고 그것이 구체화되기 시작했는지를 밝히는 것으로 족하다.

그러나 많은 학생이 성장과정을 어디까지 한정해 적어야 하는지 잘 알지 못한다. 그러다 보니 어릴 적 이야기부터 시작해 대학 재학 중 사회활동까지 이어가는 경우가 적지 않다. 물론 자신의 성장과정에서 태동된 성격이라든가 특징이 어떻게 발전해 왔는지를 밝히려는 것이지만 이는 성장과정이 아니라 사회경험에 속하는 부분이다.

따라서 대체적으로 어릴 적, 초등학교, 중학교 등까지만 성장과정에 포함시키는 것이 바람직하다. 길어야 고등학교까지라고 볼 수 있다. 대학생이 된 뒤부터의 이야기는 성장과정이 아니라 사회활동이므로 다른 질문 항목에서 소화해야 한다. 성장과정에서는 대학

시절의 활동을 언급하는 것이 맞지 않을뿐더러 성장과정에서 대학 때의 이야기를 하다 보면 나중에 사회활동 부분과 스토리가 겹칠 수도 있다.

다음 사례를 보자. 화학 회사에 지원한 자소서다.

성장과정을 구체적으로 기술해 주세요.

염색 사업을 하셨던 아버지는 진취적이고 분석적인 분이셨습니다. 대구지역에서 최초로 저온염색법을 연구해 큰 성장을 이루셨습니다. 이는 저에게도 큰 영향을 주었고 이로 인해 화학과에 진학하게 되었습니다. 화학과에 진학해서는 차별성을 항상 염두에 두고 '화학전쟁', '화학나비효과'라는 주제로 화학과 생태계의 공생관계에 관한 프로젝트를 진행하는 것뿐 아니라 화장품의 전성분표시제의 현황을 비교한 소논문을 작성해 좋은 결과를 얻었습니다.

특히 공업화학 수업에서는 일본의 화학시장의 동향을 분석해 발표를 진행했습니다. 현재 일본의 화학시장은 연료전지, 2차전지 시장에 대부분의 기업들이 주력한다는 것을 알 수 있었고 이로 인해 전해질이나 용매와 관련된 수요가 높다는 사실도 알 수 있었습니다. 발표를 준비하는 과정에서 일본의 화학시장에 대해 공부하고 분석하는 부분에서 크게 흥미를 느꼈고 관심을 갖고 키워 나갔습니다.

이런 관심을 이어나가 작년에는 2015 대한민국 화학산업대전에 참석해 세계적인 화학회사들의 주요 취급 품목과 앞으로의 전망 있는 품목에 대해서 분석할 수 있었습니다. 화학제품에 관한 높은 이해도와 꼼꼼한 성격, 그리고 남다른 분석력을 바탕으로 글로케미컬상사의 수입·내수 전문가가 되겠습니다.

성장과정을 묻는 항목에서 대학 진학 이후 관련 활동을 지나치게 길게 서술하고 있다. 그러나 성장과정은 그 사람의 성격이나 특징 등이 형성되고 길러진 배경을 묻는 것이므로 대학교 때 활동은 포함하지 않는 것이 바람직하다. 이 학생의 자소서는 성장과정 질문에서 실제로 성장과정은 앞의 단 3줄에 불과하다. 대학생으로서 한 활동은 사회활동에 해당하므로 다른 항목에서 처리해야 한다. 이렇게 성장과정에서 대학 진학 후 활동 등 많은 것을 밝히게 되면 뒤의 항목에서 소재 중복 등 필연적으로 문제가 발생한다. 대부분 사회활동 경험을 적는 항목이 따로 있으므로 순서대로 체계적으로 서술해 나가야 한다.

06　지원 동기를 구체적으로 밝혀라

― 지원동기는 회사와 나를 연결하는 고리
　 회사 톱니바퀴와 내 톱니바퀴가 맞물려야

취업 사정이 어렵다 보니 구직자는 모집공고가 날 때마다 이 회사 저 회사를 지원하게 마련이다. 따로 어떤 회사만을 목표로 어릴 때부터 준비해 오는 것은 아니다. 그렇다고 해서 어떻게 하다 보니 그 회사에 지원하게 됐다고 적을 수도 없는 노릇이다. 물론 그 회사에 입사하기 위해 오래도록 준비해 온 사람도 있겠지만 대부분은 그렇지 못하다.

하지만 인사담당자 입장에서는 지원동기와 입사 후 자세에 많은 신경을 쓴다. 입사 동기가 뚜렷하지 않으면 회사에 들어오더라도 그다지 의욕과 긍지를 느끼지 못하기 때문이다. 심지어는 교육받다 말고 또는 근무하다 말고 그만두는 사람도 나온다. 실제로 통계청 조사에 따르면 첫 직장에서의 근속 기간은 평균 1년6개월에 불과하다고 한다. 취업 1년차 직장인을 대상으로 '현재 다니고 있는 직장을 옮기고 싶으냐'고 물은 결과 89.3%가 '그렇다'고 대답했다는 조사 결과도 있다.

이렇듯 많은 지원자가 자신의 적성이나 회사의 특성 등을 고려하지 않고 여기저기 지원서를 내고 있다. 즉 취업만을 위한 취업을 하고 있는 것이다. 인사담당자들은 이들을 '취업꾼'이라고 부른다. 기업으로서는 가장 피하고 싶고 꼭 가려내야 하는 사람이 바로 이런 지원자다. 따라서 기업은 자소서를 통해 그 사람이 어떠한 의도로 입사를 희망하게 됐고, 입사 후에는 어떤 자세로 임할 것인지, 장래성은 어떠한지를 판단하게 된다.

그러므로 혹여나 아무 곳이나 지원하다 보니 원서를 내게 됐다는 인상을 풍겨서는 안 된다. 설사 그렇더라도 진심으로 이 회사를 좋아해서 또는 이 회사가 자신에게 잘 맞아서 지원하게 됐다고 서술해야 한다. 그러자면 회사와 나의 연관성이나 직무 적합성 등을 적절하게 엮어 내면서 오래도록 이 회사의 입사를 준비해 왔거나 서로 잘 맞기 때문에 지원하게 됐다고 적는 것이 바람직하다. 회사와 나의 깊은 인연이 있다면 그것을 자세하게 서술하면서 지원동기로 삼아도 된다.

지원동기는 해당 기업과 직접 연관이 있는 내용을 구체적으로 언급하는 것이 좋다. 일반론을 편다면 동기가 뚜렷하게 느껴지지 않는다. 해당 기업의 특성과 자신의 능력·경험 등을 연관시켜 지원동기를 언급해야 한다. 이를 위해서는 앞서 이야기한 대로 해당 기업에 대해 철저하게 연구하는 것이 필요하다. 연구한 것을 바탕으로 기업에 대한 애정, 직무에 대한 목표의식, 일에 대한 열정, 미래에 대한 비전 등을 구체적이고도 명확하게 서술하면서 지원동기로 삼으면 좋다.

그러자면 자신의 성격이라든가 전공·사회경험 등이 지원하는 회사에 들어가기 위한 노력의 과정이었다고 서술하면서 목표의식을 보여주는 것이 필요하다. 예를 들어 어떤 백화점에 자소서를 제출한다면 자신의 성격이나 전공 등이 이 백화점의 특성과 잘 맞고

이 백화점에 들어가기 위해 동종 업계의 경험을 쌓는 등 노력을 해 왔으며 회사에 들어가 이러이러한 목표를 이루고자 한다고 구체적으로 밝히면서 지원동기로 삼아야 한다.

이처럼 나의 특징과 회사의 특성을 톱니바퀴처럼 정확하게 일치시켜 지원하게 된 동기로 삼는다면 인사담당자의 마음에 드는 자소서가 될 수 있다. 구체적인 이야기 없이 '회사에 기여하기 위해' '회사와 함께 성장해 나가기 위해' '배움을 이어 나가기 위해' '이러한 회사의 노력에 동참하기 위해' '회사의 발전이 나의 발전이라고 생각해' 등처럼 막연하고 추상적으로 언급하는 것은 금물이다.

다음 자소서를 보자. 카드사에 지원한 자소서다.

지원동기를 구체적으로 밝혀 주세요.

어린 시절 시와 소설을 읽으며 글로 사람을 웃고 울게 하는 것에 매력을 느꼈습니다. 사람의 마음을 움직일 수 있는 문학작품을 배우기 위해 국어국문학과에 진학했습니다. 국문과 수업 중 '스토리텔링' 수업을 들으며 순수문학인 시나 소설이 아닌 짧은 광고와 마케팅으로도 사람의 마음을 움직일 수 있다는 것을 알게 되었습니다. 이를 심화하기 위해 경영학을 복수전공하며 광고와 마케팅에 관해서도 공부했습니다.

드림소사이어티에 접어들며 이야기의 힘이 중요해지고 있습니다. '스토리텔링'을 이용해 카드 고객들의 마음을 움직이고 싶습니다. 지난 방학에는 카드사의 가맹점 마케팅팀에서 인턴으로 근무하며 3당사자 체제에서 카드사의 한 축인 가맹점과 소통하는 것이 아주 중요하다는 것을 깨달았습니다. 근무 당시 스토리텔링 기법을 도입해 가맹점 매출을 끌어올리는 성과를 내기도 했습니다. 고객을 최고의 가치로 여기며 가맹점과 상생하는 것을 추구하는 귀 카드사에서 고객과 가맹점에 알맞은 가치를 제공하는 스토리텔링 마케터가 되고 싶습니다.

스토리텔링의 중요성과 그에 대한 자신의 노력·경험 등을 언급하면서 카드사에 스토리텔링이 필요하고 카드사에 들어가 이것으로 고객의 마음을 움직이기 위해 지원하게 됐다고 지원동기를 밝히고 있다. 즉 스토리텔링을 고리로 자신과 회사를 맞물리고 있다. 이처럼 회사와 내가 어떻게 잘 어울린다거나 나의 무슨 능력을 어떻게 발휘해 회사에 기여할 수 있다는 등 지원동기를 구체적으로 밝혀야 한다.

그러나 경쟁력은 높지 않다. 인턴 당시 무슨 스토리텔링을 어떻게 적용해 성과를 냈는지에 대한 자세한 내용이 없다. 이 부분에서 자신의 역할과 스토리텔링의 효과를 분명하게 입증해야 한다. 그러지 않고 막연하게 스토리텔링 기법을 도입해 가맹점 매출을 올렸다고 함으로써 스토리텔링의 효용성을 제대로 증명하지 못하고 있다. 고객과 가맹점에 알맞은 가치를 제공하는 스토리텔링 마케터가 되겠다는 것도 범위를 더욱 좁혀 어떻게 제공할지 자세하게 서술해야 경쟁력이 생긴다.

07　조직 적응력을 보여줘라

―――　조직에 잘 적응할 수 있는지가 중요한 판단 요소
　　　서클 등 조직에서 시너지 효과 낸 경험 서술해야

　　　　　　회사는 조직으로 이루어져 있다. 성격이나 개성이 다양한 사람들이 모여 수직적·수평적 구조의 조직 속에서 유기적으로 관계를 이루면서 업무를 수행해야 한다. 회사의 본질상 조직을 떠나 독자적으로 업무를 수행하는 경우는 별로 없다. 따라서 아무리 인재상에 맞고 직무능력이 우수하다 해도 조직에 적응하지 못한다면 소용이 없다. 다른 사람과 소통하고 협력하면서 맡은 바 임무를 수행하고 함께 시너지를 낼 수 있는 능력이 필요하다.
　실제로 인사담당자들은 무엇보다 조직 적응력이 중요하고 신입사원 선발에서 이 점을 눈여겨본다고 입을 모은다. 다양한 사람들이 모인 조직 내에서 잘 적응하면서 자신의 능력을 충분히 발휘하기는 쉽지 않기 때문이다. 서로 의견이 충돌할 수도 있고, 내키지 않는 일을 해야 할 수도 있다. 오직 조직의 논리만이 작용하기 일쑤다.
　그러므로 신입사원 선발 과정에서 조직에 잘 적응할 수 있는지가 중요한 판단 요소가 된다. 인적성 시험을 보는 것도 조직에 잘 어울리는 성격인지를 보는 측면이 있다. 자소서는 물론 면접에서도 조직 적응력은 그 사람을 판단하는 중요한 요소다. 사실 그 조직에 들어와 함께 일해보지 않고서는 조직 적응력을 완전하게 판단하기

가 쉽지 않으므로 특히 이 부분에 신경을 쓴다.
 따라서 자소서를 쓸 때는 무엇보다 조직에 잘 적응할 수 있음을 보여주어야 한다. 그렇다면 자소서에서 어떻게 조직 적응력을 보여줄 수 있을까? 서클이라든가 기타 조직에서 활동하면서 맡은 업무를 완수해내고 시너지 효과를 이룬 경험을 서술한다면 조직적응력을 충분히 증명할 수 있다. 만약 자소서 어디에선가 조직에 대한 적응력이 부족하다는 인상을 준다면 취업에 성공하기 어렵다. 혹여나 조직 적응력에 의심을 줄 만한 요소는 없는지 잘 검토해 보고 있다면 수정해야 한다.

08 하나의 질문에는 하나의 소재만

───── 여러 소재 내세우면 어느 것도 제대로 설명할 수 없어
　　　 하나의 소재만 선택해 구체적이고도 생생하게 서술해야

　　　　하나의 질문에 여러 가지 소재를 끌어들여 이야기를 하면 경험이 다양해 보여서 좋지 않을까? 그렇지 않다. 여러 가지 소재를 내세우다 보면 어느 것 하나 구체적으로 설명할 수 없게 된다. 즉 '다른 사람과 협업으로 시너지 효과를 낸 경험을 서술하시오'라는 질문에 A라는 곳에서 인턴을 할 당시 사례를 소재로 시너지 효과를 낸 경험과 학교에서 과제를 수행하면서 시너지 효과를 가져온 경험, 그리고 동아리 활동을 통해 시너지 효과를 낸 경험 등 세 가지를 소재로 삼는다면 어느 것 하나 구체적으로 서술할 수가 없다.

　수박겉핥기 식으로 이것 조금 저것 조금 나열하는 식이 돼 버리기 때문에 아무것도 생생하게 다가오지 않는다. 만약 전체가 500자인데 이 세 가지 소재를 한꺼번에 소화하려 한다면 각각에 할애되는 양이 200자에도 미치지 못하기 때문에 어느 것 하나 자세하게 설명할 수가 없다. 1000자의 경우에도 가급적 하나의 소재만 내세우고 자신의 역할과 결과 등을 더욱 생생하게 설명하면서 시너지 효과를 가져온 것을 보여 주어야 한다.

　물론 때에 따라서는 사례를 나열해야 하는 경우도 있지만 하나의 질문에는 가급적 하나의 소재만 선택해 실감나게 서술하는 것

이 좋다. 그래야 경쟁력 있게 다가옴으로써 강한 인상을 남길 수 있다. 소재가 여러 가지 나오면 어느 하나 걸리겠지 하고 생각할지 모르지만 활동이 집약돼 보이지 못하고 산만하게 느껴진다. 백화점식 나열로는 강한 인상을 주기 어렵다.

다음 사례를 보자. 역시 카드사에 지원한 자소서다.

지원동기를 구체적으로 밝히시오. (500자)

1. 가맹점 영업지원팀에 필요한 분석력과 창의력

카드사에서 인턴을 할 때 '아파트 카드의 활성화 방안'이라는 주제로 발표를 했습니다. 3일이라는 짧은 준비시간이었지만 30~40대 주부라는 타깃을 잡고 아파트단지와 이마트 등 주부들이 많이 다니는 곳에서 인터뷰와 설문조사를 하며 고객들이 어떤 혜택을 선호하는지, 어떤 곳에서 정보를 얻는지 직접 들을 수 있었습니다. 고객들의 의견을 분석하여 아이디어를 5가지 이상 제안하였고, 짧은 시간에 참신한 아이디어를 냈다며 상무님과 부장님께 칭찬을 받았습니다.

2. 조화를 강조하는 BC카드에 꼭 맞는 인화력

연극동아리에서 활동하면서 팀워크를 길렀습니다. 연극은 여러 명의 배우들이 조화를 이루는 것이 중요합니다. 고된 연습에 지친 동기들에게 격려와 칭찬을 해주며 포기하려는 친구의 마음을 돌리게 한 적이 있습니다. 가맹점과 효율적인 커뮤니케이션이 필요한 가맹점지원팀에서 저의 인화력과 소통의 능력은 빛을 발할 것입니다.

    나름대로 제목을 붙여 가면서 지원동기를 일목요연하게 작성했다. 자신이 꼭 필요한 인재라는 것을 두 가지 소재를 들어 어필하고 있다. 첫 번째 소재에서는 분석력과 창의력, 두 번째 소재에서는 인화력을 내세우고 있다. 그러다 보니 어느 하나 구체적으로 증명하면서 그것을 직무나 업무에 제대로 연결시키지 못하고 있다. 500자를 서술하는 답변에서 이렇게 여러 가지 소재를 내세워서는 경쟁력을 확보하기 어렵다.
    두 가지 소재를 다루다 보니 어느 하나도 구체적이지 못하고 포괄적이고 추상적인 이야기로 흐르고 있다. 이것보다는 하나의 소재를 가지고 자세하게 서술하면서 직무역량과 연결시키는 것이 바람직하다. 예를 들면 1번의 소재 하나를 선택해 분석 결과 어떠한 결론이 나왔으며 어떤 다섯 가지 아이디어를 제안했는지 구체적으로 밝혀야 한다. 그리고 이러한 분석력과 창의력을 어떻게 발휘해 회사에 기여하고 경쟁력 있게 직무를 수행할 것인가 등을 좀 더 세밀하게 서술해야 한다.

09 같은 소재를 반복하지 마라

——— 같은 소재의 반복은 소재의 빈약 드러내
다양한 소재로 풍성함과 신선함 보여야

학생들이 다양한 경험이 부족하고 또 있다고 하더라도 질문에 맞추어 그것을 적절하게 서술하는 능력이 부족하다 보니 앞에서 활용한 소재를 뒤의 질문에서 다시 사용하는 경우가 허다하다. 물론 하나의 소재에서 여러 가지 이야기를 이끌어낼 수는 있지만 이 경우 단조로움을 피할 수 없다. 소재의 빈약함이 드러나기 때문에 이렇게 해서는 좋은 인상을 남기기 어렵다.

하나의 질문에 여러 가지 소재를 사용하는 것도 바람직하지 않지만 하나의 소재를 반복해서 활용하는 것도 좋지 않다. 예를 들어 앞의 질문에서 어학연수를 소재로 활용했는데 뒤의 질문에서 또다시 같은 어학연수를 소재로 사용한다면 단조로움을 주므로 신선함이 떨어진다.

물론 학생들이 다양한 경험이 부족해 다채로운 소재를 사용하기 어렵다는 측면이 있기는 하지만 같은 소재를 두 번, 세 번 활용하면 기시감이 생기기 때문에 강한 인상을 주기 어렵다. 앞서 얘기한 대로 질문과 관련한 작은 소재라도 있으면 그것을 적당히 가공하면 얼마든지 경쟁력 있게 서술할 수 있다. 가급적 질문 항목마다 각기 다른 소재를 활용해 다채롭게 구성해야 한다.

다음 자소서를 보자.

삼성 에버랜드를 선택한 이유를 적으시오.

❶ 대학 재학 중 교환 학생으로서 미국 U.C Riverside 대학에서 가장 흥미와 열정을 가지고 공부했던 수업은 '문화관광론'이었습니다. 이 수업과 제가 전공한 컨벤션 경영학을 접목해 교환 대학에서 문화 이벤트를 직접 기획하고 400여 명의 방문객을 유치했던 경험은 각기 다른 문화의 학생들도 하나의 목표로 어우러질 수 있음을 깨닫게 해주었습니다.

귀국 후 '문화관광론'과 '이벤트 경영론'을 수강하며, 자연과 휴식에 대한 현대인들의 수요가 앞으로 무궁무진할 것으로 느끼게 되었습니다. 그중 삼성 에버랜드는 외식과 종합 리조트, 휴식의 공간을 매개로 남녀노소 그리고 외국인 모두를 대상으로 사업을 경영하고 있음을 알게 되었습니다. 단순한 외식, 놀이 공간에서의 즐거움을 넘어 다양한 테마와 체험 이벤트로 최상의 Fun 경험을 제공하는 삼성 에버랜드는 제가 가진 문화 이벤트에 대한 관심과 도전 의식을 불러일으켰으며, 저의 역량을 충분히 발휘할 수 있다는 자신감에 지원하게 되었습니다.

직무 분야에서 성공을 위한 노력을 적으시오.

❷ 미국 유학 중 각국의 문화와 장기를 선보이는 'Culture Day' 이벤트를 직접 기획하기도 했습니다. 하지만 첫 개최인 데다 본교의 뮤직 페스티벌과도 날짜가 겹쳐 좀처럼 참가자를 모집하기가 힘들었습니다. 이에 저는 새 홍보물을 직접 만들고, 행사 메인 문구를 기숙사 방마다 붙여 티저효과를 주었습니다. 또한 본교 페스티벌에서 사용할 수 있는

Free Drink 쿠폰 지급과 포토존 행사를 처음으로 단행해 주의를 끌었습니다. 변화된 홍보방법과 적극적인 행동의 결과 총 400명의 방문객 참여와 기숙사 이미지 향상에 기여한 우수사례로 선정되는 성과를 낼 수 있었습니다.

또한 같은 학과 친구와 의미 있는 도전을 하고자 졸업식 꽃다발 판매를 추진했습니다. 하지만 판매 첫 날, 다른 장사에 비해 손님을 끌 수 없었고 실패원인에 대해 분석한 결과 초·중·고·대학교마다 선호하는 꽃이 다를 것이라는 예상을 했습니다. 즉시 이튿날부터 이를 사업방향에 반영하며 수정한 결과 한 달 동안 총 245만원의 성공적인 수익을 달성할 수 있었습니다. 이러한 중·단기 사업계획 수립과 성과분석을 통해 목표달성을 위한 최적의 방안을 도출해 낼 수 있음을 배웠습니다.

회사를 선택한 이유를 묻는 질문에 답한 ㉠과 직무 분야 성공을 위한 노력을 묻는 질문에 답하는 ㉡이 같은 소재로 내용이 거의 일치한다. 앞에서는 다소 간략하게 돼 있고 뒤에서는 조금 더 구체적이라는 차이가 있기는 하지만 문화 이벤트를 기획해 400여 명의 방문객을 유치했다는 내용은 동일하다.

같은 소재를 반복해 다른 내용을 서술하는 것도 피해야 하지만 이처럼 같은 소재, 같은 내용을 반복하는 것은 더욱 금물이다. 소재와 내용의 빈곤을 드러내는 일이다. 질문마다 다른 다양한 소재를 활용함으로써 다채로운 느낌을 주어야 한다. 다 쓴 뒤 거듭해 읽어 보면서 소재의 반복이나 내용의 중복이 없는지 체크해 보고 그런 것이 있으면 다른 것으로 바꾸는 게 바람직하다.

10   장래 희망과 포부를 수치로 얘기하라

― 포부는 범위를 좁힐수록 설득력이 생긴다
　수치를 제시하며 목표의식과 열정 보여줘야

　　대부분 학생이 장래 희망과 포부를 추상적으로 밝히는 경향이 있다. 나름대로 그 회사의 인재상이나 업종의 특성에 맞춰 포부를 밝히기는 하지만 추상적이고 막연한 이야기여서 별로 와 닿는 게 없다. 즉 하나 마나한 이야기를 늘어놓는 경우가 태반이다. 무엇보다 업무 경험이 없다 보니 장래 희망과 포부를 어떻게 서술해야 할지 망설이게 되고 누구나 할 수 있는 추상적인 이야기를 늘어놓기 일쑤다.

　회사에 들어가면 업무에 필요한 지식을 습득하기 위해 열심히 공부해 업무를 완벽하게 수행하겠다든가, 동료나 상사 등과 유기적인 협조로 시너지 효과를 일으킬 수 있도록 최선을 다하겠다는 식으로 서술하기 십상이다. 직장에 들어가 업무 수행에 필요한 지식을 습득해야 하는 것은 당연한 이야기다. 인화단결을 이루어 시너지 효과를 내야 하는 것도 직장인의 기본이다. 결국 하나 마나한 이야기다.

　'배움의 자세로 임하겠다' '이 회사에서 내 꿈을 실현하고 싶다' '성심을 다해 회사 발전에 이바지하겠다' '소통과 협력의 핵심 역할을 하겠다' '성실한 모습을 유지하겠다' '최선을 다해 임무를 완수하겠다' '열심히 일해 회사에 도움이 되도록 하겠다' 등이 지원자들이 밝히는 포부에서 많이 나오는 표현이다. 이 모든 것은 직장인으로서 해야 할 당연한 의무다. 이런 것을 포부로 밝혀서는 합격할 수 없다.

장래 희망을 막연하게 표현하지 말고 '어떤 일에 어떠한 방법을 동원해 어떤 성과를 이루어 내겠다'는 식으로 구체적으로 기술하는 것이 좋다. 그러기 위해서는 자신이 담당하게 될 직무를 철저하게 분석하는 것이 필요하다. 그런 다음 직무의 범위를 좁혀야 한다. 범위를 좁히면 좁힐수록 포부를 더욱 구체적으로 이야기할 수 있게 된다. 직무의 범위를 좁히지 않고 넓은 범위에서 얘기하다 보면 추상적으로 흐르게 마련이다. 자신이 지원하는 분야의 직무를 좁히고 또 좁히다 보면 더욱 수치로 얘기하기가 쉬워진다. 예를 들면 마케팅 분야에서도 어떤 부분, 어느 업무로 범위를 좁히면 수치로 제시하기가 훨씬 수월하다. 직무가 좁혀지면 그에 대한 자신의 역할을 자세하게 밝히면서 어떠한 목표를 이룰 것인지 수치로 제시해야 한다.

물론 해보지도 않은 업무를 가지고 수치로 목표를 제시한다는 것이 어울리지 않는다고 생각하는 학생이 있을 수도 있다. 그러나 수치를 가지고 구체적으로 이야기하지 않으면 누구나 할 수 있는 얘기를 똑같이 반복하는 것이 되므로 경쟁력이 없다. 해보지도 않은 업무에 대해 수치를 가지고 목표를 정한다는 것이 어려움이 있으나 상상력을 동원해서라도 반드시 그렇게 해야 한다.

설사 자신이 제시하는 목표치가 현실적으로 구현되기 어렵다 하더라도 하등 관계가 없다. 현실적으로 실현 가능성이 있느냐 없느냐는 크게 중요하지 않다. 나의 도전정신과 적극적인 태도, 문제 해결 의지 등을 충분히 보여주는 것이므로 그 자체로 좋은 인상을 줄 수 있다. 제시하는 장래 희망이나 포부가 구체적이라는 것은 그만큼 업무에 대해 나름대로 실행 계획이나 강력한 의지, 열정을 보여주는 것이므로 그것으로 족하다.

 다만 무턱대고 어떤 결과를 이루어 내겠다고 수치로 제시하는 것이 아니라 나름대로 실행방법을 분명하게 제시해야 한다. 자신의 성격, 대학의 전공에서 얻은 지식, 자신의 장점, 인턴을 비롯한 사회경험 등을 어떻게 활용해 어느 분야, 무슨 일에 집중해 그러한 성과를 이끌어낼지를 확실하게 밝혀야 한다. 즉 실행방법을 구체적으로 제시하면서 포부를 수치로 언급해야 한다.

 이때 성장과정, 지원동기, 장단점 등과 함께 일관성을 유지해야 한다. 지금까지는 리더십을 자신의 주제로 삼아 스토리를 구성해 왔다면 업무를 수행하는 데도 이 리더십을 어떻게 활용해 장래 어떤 목표를 이룰지를 밝혀야 한다. 앞서 이야기한 자신의 주제와 다른 것을 제시하면서 일관성 없이 목표 수행 방법을 밝힌다면 인위적이고 작위적인 느낌이 들기 때문에 신뢰를 주기 어렵다.

 포부를 밝힐 때는 지원한 회사에 입사했다는 가정 아래 입사 뒤 5년이나 10년을 기준으로 삼는 것이 가장 좋은 방법이다. 5년 뒤, 10년 뒤로 나누어 단계를 두고 목표치를 설정해도 되고, 둘 중 하나를 선택해 목표치를 제시해도 된다. 지금 무슨 제품의 매출이 어떠한데 내가 구체적으로 어떻게 해서 매출을 5년 뒤 30%, 10년 뒤 50% 끌어올리겠다고 하는 식이다.

다음 사례를 보자.

입사 후 포부를 서술하시오.

제가 BAC에 입사하게 된다면,

첫째, BAC의 주인의식을 가지고 고객을 대하겠습니다. 외부고객뿐만 아니라 내부고객에게도 늘 낮은 자세로 니즈를 살피겠습니다.

둘째, 영어·중국어 공부 등 업무에 필요한 역량을 키우기 위한 자기계발을 소홀히 하지 않겠습니다. 주어진 업무에 국한되지 않고 다양한 분야에 배움의 자세로 임해 BAC에 꼭 필요한 일원이 되겠습니다.

셋째, 변치 않는 성실한 모습을 유지하겠습니다. 특히 시간약속을 잘 지키고 책임감 있게 업무를 수행하겠습니다.

이 지원자의 포부는 지극히 막연하고 추상적이다. 누구나 할 수 있는 이야기의 범위를 벗어나지 못한다. 이야기하고 있는 세 가지 포부는 모두 직장인의 기본자세나 도리, 또는 의무다. 이것보다는 5년, 10년 등을 전제로 어느 분야에서 무엇을 어떻게 해서 어떤 성과를 이루어 낼지를 구체적으로 밝혀야 한다.

예를 들어 BAC의 해외 어느 지역 또는 어느 분야에서 현재 상태가 어떠한데 내가 들어가서 무엇을 어떻게 해가지고 어떤 성과를 이루어 내겠다는 것을 수치를 들어가면서 구체적으로 제시해야 한다. 이 부분에서 나의 의지를 구체적으로 보여주지 못함으로써 합격을 기대하기 어려운 자소서가 되고 말았다. 이처럼 포부가 막연하거나 추상적인 것 역시 불합격으로 가는 지름길이다.

다음 사례도 보자. 항공사에 지원한 자소서다.

📋 **5~10년 후 귀하의 경력 목표는 무엇인지 서술해 주세요. (500자 이내)**

입사 후 5년 내에 일본어능력시험 1급을 취득하고 일본어를 자유롭게 구사할 정도로 공부를 해서 일본 지사에서 근무를 하면서 국제적 감각을 기르고 10년 이내에 그 분야의 실력자가 되는 것이 목표입니다. 최근 한·일 관계가 독도와 과거사 문제 등의 이유로 급속히 냉각되었으나 협력의 필요성은 날로 중요해지고 있습니다. 일본은 여전히 세계정상국가로서 전 세계에 막대한 영향을 미치고 있습니다. 지금 이 순간에도 한·일 양국은 사회적, 문화적 교류가 활발히 이루어지고 있고, 앞으로 양국의 관계발전 가능성은 확대될 것입니다. 그에 따라 일본 노선의 중요도 역시 확대될 것이 분명합니다. 일본은 귀사의 지난해 노선별 매출비에서 여객 18.5%, 화물 6.1%를 차지할 만큼 큰 비중을 가지고 있는 국가입니다. 일본 승객들의 마음을 헤아리고 최고의 서비스를 제공하기 위해 일본어를 공부하고 일본 지사 근무를 통해 한·일 관계의 중심에서 활약하여 제 자신과 귀사의 발전에 이바지하고 싶습니다.

5년 후 목표는 일본어를 공부해 일본 지사에 근무하면서 국제적 감각을 기르는 것, 10년 후 목표는 그 분야의 실력자가 되는 것이라고 적었다. 목표가 너무나 추상적이고 막연하다. 이런 것은 구체적인 내용이 없어 하나 마나한 이야기다. 지난해 일본 노선의 매출을 언급했으면 자신이 어떻게 해서 이 수치를 5년 뒤 얼마로, 또 10년 뒤 얼마로 끌어올리겠다는 내용이 나와야 한다.

뒤에 나오는 '승객의 마음을 헤아리고 최고 서비스를 제공하기 위해 일본어를 공부하고 지사 근무를 통해 한·일 관계의 중심에서 활약하겠다'는 것도 구체적인 내용이 없다. 그러다 보니 자연스럽게 '제 자신과 귀사의 발전에 이바지하고 싶습니다'는 정형화된 (스테레오타입) 문구로 연결되고 있다. 항공사 업무 가운데 범위를 좁혀 자신이 어떤 방식으로 어떻게 해서 무엇을 이루어 내겠다는 것을 수치로 제시한다면 이러한 문제가 해결된다. 범위를 좁힐수록 쓰기 쉬워진다.

11 제목을 달아야 인사담당자가 좋아한다

───── 평가자는 자소서를 속독으로 읽고 판단
제목만 보고도 전체 내용 알 수 있게 해야

1 / 제목이 있어야 이해하기 쉬운 자소서가 된다

　자소서를 쓰면서 제목을 달아야 하나, 말아야 하나? 학생들이 부닥치는 문제다. 제목을 단 학생도 있고 그렇지 않은 학생도 있다. 어떤 것이 나을까? 또 만약 제목을 단다면 몇 개로 하는 게 좋을까? 같은 크기의 공간에 어떤 지원자는 제목을 여러 개 달기도 하고 어떤 지원자는 아예 달지 않기도 한다. 결론적으로 이야기하면 제목을 다는 것이 훨씬 유리하다.

　인사담당자들이 대부분 자소서를 속독으로 읽고 판단하기 때문이다. 수천, 수만 장의 자소서를 담당자들이 서로 나누어 보더라도 한 사람 앞에 할당되는 분량이 엄청나다. 지원자의 자소서를 정독하면서 찬찬히 음미하는 것은 시간상 불가능하다. 따라서 속독으로 읽고 판단하는 수밖에 없는 것이 현실이다. 자기소개서를 작성하는 사람은 이 점을 분명하게 인식하고 그에 맞추어 작성해야 한다.

　속독으로 읽다 보면 내용이 잘 들어오지 않는 경우가 많다. 학생들이 쓴 자소서 내용이 비슷비슷해 그 이야기가 그 이야기인 경우가 적지 않다. 또 지원자들이 자소서를 일목요연하게 작성하는 능력이 부족하기 때문에 속독으로 읽을 경우 차별성을 발견하기가 쉽지 않다. 이런 경우 제목에 핵심적인 내용을 담아 하고자 하는 이야기의 요지를 내세울 수 있다면 인사담당자는 자소서를 읽고 판단하는 데 많은 도움이 된다.

신문의 제목을 연상하면 된다. 신문의 제목을 보면 독자가 본문을 읽지 않더라도 그것만 가지고도 웬만큼 내용을 파악할 수 있다. 본문의 핵심을 간추려 놓아 바쁜 사람은 제목만 보고도 전체 내용을 대충 알 수 있게끔 하는 것이 좋은 제목이다. 자소서의 제목도 이 같은 역할을 한다. 반드시 제목을 달아 평가자가 이것만 보더라도 글의 내용을 어느 정도 판단하거나 짐작할 수 있게 해야 한다.

2 / 500자당 하나의 제목을 붙여라

그렇다면 제목은 몇 개를 달아야 할까? 제목은 너무 많아도 너무 적어도 안 된다. 500자당 한 개가 적당하다. 대체적으로 자소서에서 항목당 요구하는 답변의 글자수는 1000자다. 1000자라면 2개의 제목이 적당하다. 만약 요구하는 답변의 글자수가 500자라면 한 개의 제목이 알맞다.

제목을 잘 활용하되 제목이 지나치게 많거나 지나치게 적지 않도록 주의해야 한다. 만약 요구하는 분량이 300자라면 제목을 달지 말아야 한다. 그리 긴 분량이 아니기 때문에 제목이 없어도 된다. 이처럼 짧아서 제목을 달기 어려운 경우에는 두괄식으로 첫 문장에 핵심을 내세워 제목처럼 활용하는 것이 바람직하다.

3 / 제목에서 추상적이거나 멋진 말을 피하라

제목은 본문의 핵심 내용을 담아 평가자가 그것만 보아도 전체 내용을 알 수 있게 해주어야 한다. 가급적 행위와 결과가 포함된 문장 형식으로 하는 것이 좋다. '진인사대천명' '최선을 다하는 삶' '너무나 경쟁력 있는 나' '일찍 일어나는 새가 벌레를 많이 잡아먹는다' 등 대부분의 학생이 추상적인 내용으로 제목을 달거나 격언·고사성어 등을 옮겨 놓는 경우가 많다.

그러나 이는 수필이나 다른 글이라면 몰라도 자소서의 제목으로는 부적당하다. 평가자가 읽어 봐야 구체적으로 무슨 내용인지 모르므로 있으나 마나한 제목이다. 자소서를 쓰는 지원자 입장으로서는 이런 멋진 말을 사용하면 좋은 인상을 줄 것으로 생각하겠지만 실제로는 별로 와 닿는 게 없다. 이런 제목을 읽고 그 아래 본문을 속독으로 읽는다면 평가자는 전체 내용을 정확하게 파악하기 어렵다.

따라서 제목은 본문의 핵심을 뽑아 제시함으로써 평가자가 이것만 보아도 무슨 내용인지 알 수 있게 해야 한다. 가급적이면 'A해서 B해' 식으로 무엇을 어떻게 해서 어떤 결과를 가져왔거나 어떻게 하겠다는 방식으로 제목을 다는 것이 바람직하다. 제목만 잘 달아도 인사담당자의 손에 잡히는 자소서가 될 수 있다.

다음 제목을 보자.

제목: 흑진주, 조개를 벗어던지고 진가를 드러내다

저에 대한 소개는 단 한 단어로 요약할 수 있습니다. 바로 '흑진주'입니다. 흑진주를 자세히 보지 않으신 분들은 그저 까맣기만 한 흑진주가 다른 보석들보다 예쁘지 않다고 생각하실 수 있습니다. 그러나 흑진주는 빛을 받는 방향에 따라 무려 7가지 색의 다채로운 빛을 발산합니다.

또한 흑진주는 검은 색을 띠고 있지만 그 반짝거림은 그 어떤 보석에게도 뒤지지 않습니다. 이러한 흑진주는 오랜 시간 단단한 조개껍질 속에 본연의 화려한 모습을 숨기고 있다가 바람에 깎이고, 파도에 깎이며 점차 그 본연의 모습을 드러냅니다. 저는 제가 이러한 흑진주와 많이 닮았다고 생각합니다.

저는 어려서부터 까만 피부를 가지고 있었고, 성격도 어두운 편이었습니다. 미술이나 음악 등에 관해서 특별한 재능도 가지고 있지 않았고 성적이 우수한 편도 아니었습니다. 이처럼 조개 속에 그 가치를 숨기고 있던 저는 다양한 경험을 통해 그 껍질을 벗어내고 비로소 본래 지니고 있던 많은 빛들을 발산해내게 되었습니다.

'흑진주, 조개를 벗어던지고 진가를 드러내다'는 제목을 달았다. 구체적으로 자신이 어떤 사람인지를 드러내야지 제목이 이렇게 추상적이어서는 안 된다. 물론 수필의 제목이라면 유용할지도 모른다. 그러나 자기소개서는 속독으로 읽게 되므로 제목은 전체의 핵심 내용을 구체적으로 적어야지 이렇게 막연해서는 아무 역할도 하지 못한다. 이 학생의 자소서는 본문의 내용도 구체적이지 못하고 추상적이어서 도대체 뭘 이야기하려는지 알 수가 없다.

제목을 달아야 인사담당자가 좋아한다

이런 추상적인 제목은 피하자
최선을 다하는 삶, 노력이 낳은 성과, 후회 없는 인생, 너무나 경쟁력 있는 나, 책임감 그 자체, 내 인생의 소중한 경험, 타인과 소통하는 도전자, 배움의 자세로 가득한 과정, 소통할 줄 아는 공부쟁이, 행동하고 협업하는 실천력, 새로운 도전을 즐길 줄 아는 사람, 충심을 다하는 자세, 준비된 인재, 소통하는 리더, 실패에서 교훈을 찾다, 글로벌 경영의 최선봉에 서겠다.

고상해 보이려는 격언이나 고사성어도 피하자
진인사대천명, 타산지석의 힘, 아는 것이 힘이다, 일찍 일어나는 새가 벌레를 많이 잡아먹는다, 벼는 익을수록 고개를 숙인다, 고생 끝에 낙이 온다, 천리 길도 한 걸음부터, 티끌 모아 태산, 실패는 성공의 어머니, 지성이면 감천이다, 이가 없으면 잇몸으로 산다, 될 성 부른 나무는 떡잎부터 안다.

제목을 다는 기준
제목의 수는 500자당 하나가 적당
1000자: 2개의 제목 가능
500자: 하나의 제목 가능
300자: (500자 이하는) 제목 달지 않는 것이 바람직. 대신 첫 문장을 제목처럼 활용

12 핵심 내용을 앞 문장에 내세워라

**자소서는 속독으로 읽기 때문에 두괄식이 적절
핵심적 내용이나 긴박한 상황을 앞에 내세워야**

어느 학생이 탈락한 자소서를 들고 와 무엇이 문제인지 분석해 달라고 했다. '힘든 순간을 극복한 경험을 서술하시오'라는 질문에 캐나다 어학연수를 갔을 때 토론토 공항에서 벌어진 일을 소재로 삼았다. 공항에서 지갑과 여권을 잃어버려 암담한 상황을 만났지만 대사관에 연락해 도움을 청하는 등 나름대로 잘 대처해 위기를 극복했다는 이야기를 서술하고 있었다.

그런데 어학연수를 가게 된 경위와 한국에서 출발하는 과정 등을 순서대로 서술하다 보니 토론토 공항에서 지갑과 여권을 잃어버리게 된 상황은 저 밑에 있어 거기까지 읽기도 전에 벌써 지루해졌다. 이야기가 예상 가능한 스토리로 진행되고 있어 별반 흥미를 느끼기 어려웠다. 대체적으로 학생들이 자소서를 서술하는 방식도 이와 크게 차이가 나지 않는다.

글은 원래 시간의 순서나 논리의 순서대로 쓰는 것이 원칙이다. 그러나 이러한 글은 시간적 여유를 가지고 찬찬히 읽어볼 때는 괜찮지만 빨리 읽고 내용을 판단하는 글로서는 실격이다. 본격적인 이야기가 나오기도 전에 지루해지기 때문이다. 위 학생도 이러한 경우다. 자소서는 평가자가 속독으로 읽어보고 판단하기 때문에 이처럼 이야기를 지루하게 늘어놓으면 별다른 흥미를 느끼지 못하고 무슨 내용인지도 잘 들어오지 않는다.

따라서 자소서는 핵심이나 중요한 사항을 앞에 내세우는 것이 좋다. 이 학생의 경우 다음번 이 소재를 다시 사용할 때는 일이 진행되는 순서대로 쓰지 말고 첫 문장을 '토론토 공항의 하늘이 샛노랗게 변했다. 눈앞이 캄캄했다. 이역만리 낯선 이국땅에 혼자서 발을 들여놓는 순간 지갑과 여권을 잃어버렸기 때문이다'로 바꾸라고 했다. 긴박한 상황을 먼저 내세우고 부연 설명하는 식으로 이야기를 풀어 나가야지 평가자의 관심을 끌고 집중도를 높일 수 있다.

봉사활동을 간 경험을 서술하는 경우에도 만약 학교의 봉사동아리 이야기부터 시작해 이런저런 사항을 구구절절이 설명한 다음 실제 봉사활동을 간 경험이 나온다면 지루함을 피할 수 없다. 그것보다는 '할아버지의 발을 씻겨 드리는 순간 할아버지께서 눈물을 떨어뜨리셨다'로 시작하는 것이 훨씬 낫다. 처음부터 감동적인 순간이 생생하게 그려지기 때문에 읽는 사람의 관심을 끌 수 있고 나타내고자 하는 바를 더욱 분명하게 전달할 수 있다. 이렇게 하면 평가자의 감성도 자극할 수 있다. 장점을 적는 경우에도 '제 장점은 리더십입니다'로 먼저 시작하고 부연 설명하는 식으로 서술하는 것이 좋다.

이처럼 자소서는 가급적 핵심적인 내용이나 긴박한 상황을 앞에 내세우는 것이 바람직하다. 그런 다음 나머지는 부연 설명하는 식으로 서술해 나가면 된다. 한마디로 자소서는 두괄식이 적절하다. 핵심적인 내용이나 주장하는 바를 앞에 두는 것이 두괄식이다. 두괄식은 초점이 뚜렷해지는 장점이 있다. 내용이 엉뚱한 방향으로 빗나가 산만해질 우려도 적다.

본문의 핵심 내용을 제목에 정확하게 담는다면 반드시 두괄식이 필요한 것은 아니지만 수많은 자소서를 짧은 시간에 읽어보고 합격·불합격을 가려야 하는 평가자의 입장을 생각해보면 두괄식이 단연 유리할 수밖에 없다. 특히 제목이 없는 경우에는 핵심적인 내용을 반드시 앞으로 가져가는 것이 좋다. 핵심을 앞에다 놓으면 나머지는 부연 설명하는 식이 되므로 쓰기도 쉽다. 원래 두괄식이 가장 쓰기 쉽고 미괄식이 어렵다. 읽는 사람 입장에서도 두괄식이 이해하기 쉽다. 따라서 자소서의 특성상 이래저래 두괄식으로 작성하는 것이 바람직하다.

아래 자소서를 보자.

Before

지난해 순우리말을 주제로 한 영상을 촬영할 때였습니다. 순우리말 간판을 사용하는 사장님들을 인터뷰하기 위해 전주에 내려갔습니다. 그러나 모두들 인터뷰에 응하지 않았습니다. 바쁜 생업 때문에 시간을 내주기가 어려웠겠지만 무엇보다 카메라로 인터뷰 장면을 촬영하는 것을 부담스러워 했습니다. 예상치 못한 위기에 당황했습니다. 인터뷰 요청을 하자마자 "지금 너무 바빠서요. 나중에." "카메라는 좀 꺼주시겠어요?"라고 말씀하시면서 강하게 거부하는 모습에서 높은 벽에 부닥치고 말았습니다. …

원래 자소서를 보면 순우리말을 주제로 한 영상을 촬영하기 위해 순우리말 간판을 사용하는 사장님들을 인터뷰하려고 전주에 내려갔지만 모두들 거부해 벽에 부닥쳤다는 내용이다. 전체적으로 무난한 서술이지만 일이 진행되는 순서대로 써 내려가다 보니 처한 상황에 대한 긴박감이나 절실함이 다소 떨어진다.
　이럴 때는 구체적 상황을 묘사하는 부분을 글의 맨 앞쪽으로 옮기는 것이 요령이다. 맨 앞에 위치시키면 긴박감이 살아나고 생생하게 그림이 그려짐으로써 호기심과 집중력을 높일 수 있다. 즉 "지금 너무 바빠서요. 나중에." "카메라는 좀 꺼주시겠어요?"라는 부분이 높은 벽에 부닥친 상황을 실감나게 묘사하고 있으므로 이것을 맨 앞으로 당겨 놓는 것이다. 그런 다음에는 이것을 부연 설명하는 방식으로 서술해 나가면 된다.

After

"지금 너무 바빠서요. 나중에." "카메라는 좀 꺼주시겠어요?" 예상치 못한 위기에 당황했습니다. 인터뷰 요청을 하자마자 강하게 거부하는 모습에서 높은 벽에 부닥치고 말았습니다. 지난해 여름 순우리말을 주제로 영상을 촬영할 때 벌어진 일입니다. 순우리말 간판을 사용하는 사장님들을 인터뷰하기 위해 전주에 내려왔지만 모두들 손사래를 치며 인터뷰에 응하지 않았습니다. 바쁜 생업 때문에 시간을 내주기가 어려웠겠지만 무엇보다 카메라로 인터뷰 장면을 촬영하는 것을 부담스러워 했습니다. …

13 변곡점을 만들어 행위를 돋보이게 하라

――― 비교되는 수치나 대비되는 상황을 제시해
자신의 역할과 행위가 돋보이게 만들어야

본인은 리더십을 발휘해 어떤 결과를 이루어 냈거나 독창적인 아이디어로 성과를 낸 경우 등을 나름대로 썼지만 자신의 행위가 그리 대단한 것으로 다가오지 않는 경우가 많다. 즉 본인은 분명히 그러한 것을 발휘해 좋은 결과를 가져오거나 큰 성과를 이루었다고 적었지만 읽는 사람 입장에서는 별로 임팩트 있게 느껴지지 않는 예가 흔하다.

그것은 비교의 대상이 없기 때문이다. 예를 들어 소속된 동아리에 분란이 생겨 하나둘 빠져 나감으로써 거의 해체돼 가는 상황에서 자신이 회장을 맡아 나름대로 리더십을 발휘해 동아리를 다시 일으켜 세웠다고 언급하고 있지만 자신의 역할이 별반 와 닿지 않는 경우다. 이런 경우 대체로 자신이 이룩한 성과와 비교될 수 있는 수치나 상황이 분명하게 나와 있지 않기 때문에 상대적으로 그 역할이 대단해 보이지 않는 것이다.

동아리에 문제가 생겨 자신이 회장으로 나서 리더십을 발휘해 다시 일으켜 세웠다면 회장을 맡을 당시의 상황을 생생하게 서술하면서 눈에 보이도록 수치를 제시해야 한다. 즉 자신이 맡을 때는 30명 가운데 5명만 남아 있었다는 식이다. 그런 다음 자신이 회장을 맡아 어떠한 리더십을 어떻게 발휘했는지 구체적으로 적으면서 그 결과 3달 만에 인원이 50명으로 불어나 원래의 30명도 넘어섰을 정도로 동아리가 훌륭하게 부활했다는 것을 수치로 분명하게 보여 주어야 한다. 이렇게 해야 자신의 역할이 돋보이고 리더십의 결과가 힘 있게 다가온다.

축제 때 매장을 운영하면서 독창적인 아이디어를 내 탁월한 성과를 이루어 냈다면 이 역시 위와 같은 방식의 서술이 필요하다. 단순히 다른 학생들이 운영하는 매장과 달리 독창적인 아이디어로 매출을 많이 올렸다는 것만으로는 충분하지 않다. 자신이 독창적인 아이디어를 냈다면 그것이 어떤 아이디어이며 그것을 어떻게 발휘했는지를 적고, 그 다음에는 반드시 수치로 비교의 대상을 만들어줘야 한다. 즉 다른 매장에서는 일반적으로 50만원의 매출을 올린 데 비해 이러한 아이디어를 동원한 결과 100만원의 매출을 올릴 수 있었다고 서술하는 방식이다. 이렇게 하면 자신의 역할이 수치에 의해 분명하게 드러남으로써 임팩트 있는 자소서가 될 수 있다. 이를테면 변곡선을 만드는 것이다. 변곡점을 중심으로 오목하거나 볼록하게 선이 그려짐으로써 양쪽이 분명하게 비교될 수 있다.

자전거를 타고 전국 일주에 도전해 성공한 경우도 마찬가지다. 평소 매일 자전거를 타는 라이더여서 먼 거리를 달리는 것에 익숙한 사람으로 비춰진다면 평가자의 입장에서는 그리 큰 도전으로 느껴지지 않을 수도 있다. 만약 평소에 자전거를 자주 타지 않았거나 일주일에 한 시간 이상 타본 적도 없는데 어떤 계기가 돼 이 도전에 참가하게 됐다고 먼저 언급한 뒤 관련 이야기를 풀어 나간다면 앞뒤가 분명하게 대비되기 때문에 크나큰 도전으로 비춰질 수 있다. 이처럼 자신의 행위를 돋보이게 하기 위해서는 반드시 비교되는 수치나 대비되는 상황이 필요하다. 이것이 자신의 노력과 성과를 더욱 경쟁력 있게 서술하는 기술이다.

14 전체를 대충 채워놓고 다듬어 나가라

——— 앞에서부터 완성해 나가면 뒤가 부실해진다
우선 전체를 대충 채운 뒤 계속 다듬어 나가야

수업 받는 학생들이 자소서를 작성해 기업에 제출하는 경우 미리 점검하는 과정을 거치고 있다. 이메일로 보내준 자소서를 읽어보고 문제가 있는 부분을 수정해 주곤 한다. 전체적으로 또는 소재 선택에 문제가 있는 경우에는 왜 그런지를 설명해주고 다시 작성하게 한다. 그런데 대체적으로 나타나는 현상 가운데 하나가 마감 시간이 얼마 남지 않았는데 다 채우지 못하고 일부만 보내주는 것이다. 하루밖에 남지 않았는데 5개 문항 중 3개만 끝났다고 그것만 보내주는 식이다.

이런 현상은 1번 문항부터 순서대로 완성해 나가기 때문에 발생한다. 1번 문항을 고민고민해 작성하고 마음에 들 때까지 수정하다 보니 시간이 많이 흐른다. 다시 2번 문항에서 이 과정을 반복하다 보니 마감 시간이 다가와도 전체를 완성하지 못하고 몇 개의 항목만 마무리한 상태로 남게 되는 것이다. 이렇게 해서는 뒤로 갈수록 허술해지기 때문에 완성도 높은 자소서를 작성할 수 없다.

일단 각 질문 항목의 소재를 선택해 부족하더라도 5번 문항까지 채워 넣은 뒤 전체를 조절하고 수정해 나가야 한다. 소재가 맞지 않다면 소재를 바꾸고 내용이 부실하다면 더욱 충실하게 보완하는 등 앞뒤를 넘나들면서 서로를 조절하고 전체적으로 작업을 해

나가야 한다. 순서대로 완성해 나가서는 뒤로 갈수록 막힐 수밖에 없다. 그러다 보니 시간이 급박해 다른 소재를 찾아내지 못하고 한 번 써먹은 소재를 다시 사용하는 일도 생기고 뒤로 갈수록 내용이 부실해지게 된다. 이런 방식으로 작성한다면 설사 앞부분 항목을 잘 쓰더라도 뒷부분의 질이 떨어지기 때문에 무난히 합격하기 어렵다.

 비어 있는 문항을 급히 작성하다 보면 내용이 부실해지는 것은 물론이고 여기저기 어설픈 문장이나 어휘도 등장하게 마련이어서 이래저래 좋은 인상을 주기 힘들다. 자기소개서를 통해 그 사람의 글 쓰는 능력이나 문장력도 판단하므로 시간을 가지고 차분하게 작성해 생각을 논리적으로 표현하고 문장을 정확하게 구성하는 능력이 있음을 함께 보여주어야 한다.

 다른 글쓰기도 마찬가지이지만 자소서 역시 대충 써놓고 시간이 나는 대로 다듬는 방식으로 작성해 나가야 전체적으로 완성도를 높일 수 있다. 이렇게 해야 시간도 절약된다. 어느 한 부분에 얽매이다 보면 필시 전체적으로 문제가 생긴다. 대충 작성해 놓은 뒤 틈나는 대로 읽어보면서 수정해 나가는 것이 글을 쓰는 방식이다. 한 번에 완전하게 글을 써 내려가는 사람은 없다. 좋은 글은 일단 써 놓은 뒤 시간을 들여 정성스레 다듬은 결과로 나오는 것이다. 자소서도 반드시 이러한 방식을 따라야 한다.

 여기저기 자소서를 제출하고 있는 학생이라면 먼저 제출한 것에 수정을 거듭하면서 견본을 하나 만들어 놓는 것이 바람직하다. 자기소개서의 질문 내용은 거의 비슷하고 자신이 답변할 소재 또한 크게 차이가 없으므로 평소 시간이 있을 때 견본을 하나 만들어 놓는 것이 좋다. 마음에 들 때까지 다듬고 또 다듬고 해서 완성본을 만들어 놓은 뒤 지원하는 회사에 맞추어 조금씩 수정해 제출하면 된다. 해당 기업의 경영 이념이나 원하는 인물상, 직무 등에 따라 만들어 놓은 자기소개서를 조금씩 바꾸어 제출하는 것이 가장 좋은 방법이다.

15 장점은 하나로 하고 단점을 역이용하라

───── 장점이 많다는 것은 장점이 없다는 얘기
단점은 반드시 극복 방안 3가지로 밝혀야

1 / 장점과 단점은 같은 양을 할애하라

'자신의 장점과 단점을 1000자로 적으시오'라는 질문에 장점은 몇 자를 적어야 하고 단점은 몇 자를 적어야 할까? 장점은 700이나 800자 정도로 서술하고 단점은 300이나 200자 정도로 적는 것이 좋지 않을까? 아무래도 단점을 구체적으로 적으면 손해일 것 같은 생각에 단점의 양을 줄이기 일쑤다. 그러나 이것은 불합격으로 가는 지름길이다. 장점은 장황하게 설명하고 단점은 얼버무린 결과가 되기 때문이다. 반드시 장점과 단점의 양을 맞추어 장점 500자, 단점 500자로 써야 한다.

▤ 자신의 성격의 장점과 단점을 서술해 주세요. (500자)

1) '항상 밝게'가 제 신념입니다. 그래서 다른 사람들과 쉽게 친해질 수 있었습니다. 지난 겨울 단기 연수생으로 KIST에서 근무한 적이 있습니다. 한 달이라는 짧은 시간이었지만 그곳 실험실 분들과 빠르게 가까워져서 마지막 날까지 꼭 누구 오빠 결혼식에 와서 또 보자고 당부하셨습니다. 저는 정말로 연수를 마친 후 2주 뒤에 행복한 결혼을 축하해주러 갔습니다. KIST에서 일하며 많은 것을 배워서 좋기도 했지만 늦게까지 하는 일이 힘들기도 했습니다. 하지만 아침마다 출근하는 것이 즐거웠습니

다. 함께하는 사람들과 즐겁다면 힘든 일이라도 행복하기 때문입니다.

2) 결정을 잘 하지 못합니다. 가끔 너무 배가 고픈 상태에서 음식을 고를 때 꼭 지금 내가 정말 맛있게 음미할 수 있는 음식으로 먹고 싶어서 이걸 먹을까 저걸 먹을까 주위 사람을 피곤하게 할 때도 있습니다. 회사에 다니며 결정을 내려야 할 순간이 자주 올 것입니다. 제가 내리는 결정이 최선일 수 있도록 빠른 시일 내에 결정할 수 있게끔 노력하겠습니다.

<u>1)</u>이 장점이고 <u>2)</u>가 단점이다. 언뜻 봐도 장점과 단점의 양이 현저히 차이가 난다. 장점이 대략 300자 정도이고 단점이 200자 정도 된다. 상대적으로 장점은 넉넉히 할애했고 단점은 적은 양을 배분했다. 아무래도 장점은 적극적으로 알리고 단점은 감추고 싶은 게 사람의 심리이다 보니 자신도 모르게 이러한 형태가 나타나기 십상이다.

이렇게 서술할 경우 읽고 판단하는 사람의 입장에서 보면 장점은 적극적으로 서술하고 단점은 적당히 얼버무린 것으로 느껴져 좋은 인상을 주기 어렵다. 장점과 단점을 서술할 때는 반드시 양을 맞추어 균형감을 살려야 한다. 위에서는 장점을 줄이고 단점을 늘려 각각 250자 정도가 되도록 해야 한다.

장점으로 제시한 '항상 밝게'라는 것은 직장 내 분위기 조성, 또는 조직 적응력이나 인화단결 등과 연관된 것으로 충분히 내세울 수 있는 요소다. 다만 연수생으로 일할 당시 그곳 사람들과 **빠르게** 가까워졌고 출근이 즐거웠다는 것, 그리고 연수가 끝난 뒤에도 직원의 가족 결혼식에 초대돼 갔을 정도로 서로 친밀했다는 것을 언급하고 있으나 이런 것보다 자신의 장점을 실제적인 업무와 연결시켜 어떤 효과를 가져왔는지 구체적으로 설명하는 것이 낫다.

단점은 결정을 잘 하지 못하는 것으로 내세웠는데 그것을 부연 설명하고 회사에 들어가면 최선의 결정을 빠르게 내릴 수 있도록 하겠다고 밝히고 있다. 그러나 단점을 스스로 어떻게 극복해 나가고 있는지를 구체적으로 언급해야지 지금처럼 서술해서는 단점이 그대로 남아 있는 상태가 된다. 따라서 회사에 들어가서는 빠른 결정을 내리겠다고 하는 것이 신뢰가 가지 않는다.

2 / 장점은 하나만 내세우고 구체적으로 설명하라

장점을 몇 개로 내세워야 할까? 리더십, 창의성, 글로벌 인재 등 3개 정도로 하면 장점이 많아서 좋지 않을까? 그렇지 않다. 장점이 많을수록 좋을 것이라고 생각하는 사람이 있다면 실패할 확률이 높다. 장점이 여러 개라는 것은 결국 장점이 없다는 것이나 마찬가지다. 장점을 여러 개로 나열해 간단간단하게 설명한다면 어느 것 하나 제대로 와 닿지 않기 때문에 특징적인 이미지를 만들어낼 수 없다. 장점을 적을 때는 반드시 하나만 내세워야 한다.

장점은 문장 형식보다 하나의 단어로 집약되는 것이 좋다. 이때의 장점은 회사의 인재상이나 직무에 부합하는 것이어야 한다. 장점이 정해졌다면 그에 관해 구체적으로 서술해야 한다. 원만한 대인관계, 조직에서의 인화력, 리더십, 창의력, 외국어 능력 등 자신의 성격상 특성이나 업무 수행 과정에 도움이 될 수 있는 특기사항을 체험과 함께 상세히 기술해야 한다. 자칫 장점을 강조한다는 것이 자화자찬으로 흘러가서는 안 되고 그러한 것이 잘 발휘된 사례를 구체적으로 서술하면서 그것을 증명해야 한다.

자신의 장점이 리더십이라면 대학 동아리 활동을 통해 리더십을 키우고 발휘했다는 것이 하나의 방법이 될 수 있다. 동아리 회장을 맡으면서 전체적으로 어떻게 이끌어 가면서 리더십을 발휘했는지, 또 어떤 경우에 확실하게 리더십을 보여주면서 성과를 냈는지 사례를 들어 구체적으로 설명해야 한다. 동아리 경시대회에 참가한 적이 있다면 어떤 차별성을 가지고 리더십을 발휘했는지, 동아리가 사회봉사를 나갔다면 어디에서 어떻게 활동하는 데 어떠한 리더십을 발휘했는지 등을 구체적으로 적어야 한다.

자신의 장점을 서술해 주세요.

㉠ 저의 장점은 소통능력과 책임감입니다. ㉡ 적극적인 성격 덕분에 대학 시절 주로 사람을 만나는 활동들을 해왔습니다. 그 과정에서 연령대에 상관없이 소통하는 방법을 체득할 수 있었습니다. ㉢ 또 제가 가진 책임감은 '이 일을 내가 끝까지 해내야겠다'가 아니라 '이 일을 꼭 성공시켜야겠다'는 마음입니다. ㉣ 저는 티켓몬스터에서 영업관리직 인턴으로 근무하며 프로모션을 진행한 경험이 있습니다. 혼자 프로모션을 진행하는 것은 어려운 일이었습니다. 하지만 적절한 상황 판단으로 선배들의 도움을 요청하거나 필요한 자료를 수집하여 성공적으로 일을 마무리하였습니다. 일을 혼자 해내기보다 필요한 상황에 도움을 요청하여 일을 성공적으로 마무리하는 것이 신입사원이 가져야 할 자세라고 생각합니다.

첫 문장인 ㉠에서 장점을 소통능력과 책임감 두 가지로 내세우고 있다. 그런 다음 ㉡에서 대학 시절 연령대에 상관없이 소통하는 방법을 체득했다고 밝히고 있다. ㉢에서는 책임감에 대해 '이 일을 꼭 성공시켜야겠다'는 마음이 자신의 책임감이라 정의하고 있다. 그리고 ㉣에서 인턴으로 근무할 당시 프로모션을 성공적으로 마무리할 수 있었다고 밝히면서 적절한 판단으로 선배들의 도움을 요청하거나 필요한 자료를 수집한 결과라고 설명하고 있다. ㉣부분은 소통능력에 주안점을 두고 서술했다.

본인이 제시한 장점인 소통능력에 관한 설명은 ㉡과 ㉣이다. 전체 분량의 대부분을 차지한다. 또 다른 장점인 책임감에 대한 설명은 간단하게 ㉢밖에 없다. 그것도 단순한 개념 정의다. 장점을 두 가지로 내세웠으면 두 가지를 분리해 각각 서술하거나 한 스토리 안에 두 가지 요소를 모두 녹여내 써 내려가는 방법이 있겠지만 위의 전개는 그 어디에도 속하지 않는다. 질서와 체계 없이 이 얘기 저 얘기 늘어놓고 있어 산만하다.

소통능력과 책임감에 대한 설명이 지나치게 추상적이라는 것도 문제다. 대학 시절 주로 사람을 만나는 활동을 해오면서 연령대에 상관없이 소통하는 방법을 체득할 수 있었다고 하는데 소통능력에 대한 설명으로 지극히 부족하다. 대학 시절 무슨 활동을 하고 어떤 사람들을 만났는지, 연령대와 상관없이 어떻게 소통하면서 어떤 소통 방법을 체득했는지 사례를 들어가며 자세하게 설명해야 설득력이 생긴다. ㉢은 자신의 책임감을 정의하고 있는데 이 또한 구체적인 사례를 들어 이야기해야지 이 자체로는 아무 의미가 없다. 인턴 당시를 설명하는 ㄹ 역시 선배들의 도움 외에는 구체적으로 어떤 프로모션을 어떻게 진행했는지 나와 있지 않아 제대로 와 닿는 게 없다.

이러한 결과가 나타난 것은 장점을 두 가지로 내세운 것에 근본적인 원인이 있다. 소통능력이나 책임감 둘 중 하나를 선택해 그에 집중해서 그와 관련된 것들만 일관되게 서술해 나간다면 이러한 일이 발생하지 않는다. 두 가지 장점을 내세우는 경우 설사 두 가지를 동등하고 균형 있게 처리하더라도 구체적인 설명을 하면서 그것을 증명하기에는 공간이 부족할 수밖에 없다. 따라서 장점은 하나로 내세우고 사례를 들어 그것을 충분히 설명하면서 증명하는 것이 바람직하다.

3 / 단점은 반드시 극복방안을 3가지로 밝혀라

앞서 이야기한 것처럼 반드시 장점과 단점의 양을 동일하게 해 균형을 맞추어야 한다. 장점만 장황하게 설명하고 단점은 적은 양을 할애해 적당히 얼버무려서는 자소서가 통과되기 어렵다. 오히려 단점을 어떻게 적느냐에 따라 합격 여부가 판가름 날 수 있다. 다른 사람의 부실한 단점 서술에 비해 이 부분에서 확실하게 좋은 이미지를 심어준다면 남들보다 경쟁력 있는 자소서가 될 수 있다.

단점을 적기가 망설여지는 것은 단순히 단점을 있는 그대로 드러내 보이는 것이라고 생각하기 때문이다. 그러다 보니 단점을 쓰기가 어려워지고 적당히 얼버무리게 된다. 그러나 이는 커다란 오해다. 단점을 역이용해야 한다. 단점을 내세우고 그것을 어떻게 극복해 왔는지를 제대로 서술한다면 오히려 완전한 사람으로 보일 수 있다. 자신의 단점을 극복하기 위해 늘 성찰하는 모습을 보여줄 수 있기 때문이다. 또 단점을 극복하는 분명한 방안을 제시한다면 그 단점은 결국은 장점으로 승화되기 마련이다.

  따라서 하나의 단점을 내세운 다음 그것을 극복하기 위해 어떤 노력을 해왔는지 구체적으로 설명해야 한다. 자신의 단점을 알고 그것을 극복하기 위해 노력을 기울이는 태도는 늘 성찰하고 반성하는 자세를 보여주는 것이기 때문에 좋은 이미지로 다가온다. 또 이러한 자세는 자신감을 보여주는 것이기도 해 강렬한 인상을 줄 수 있다. 그러기 위해서는 대표적인 단점을 하나 내세우고 그것을 어떻게 극복해 왔는지 극복 방안을 세 가지 정도로 제시해야 한다.

  예를 들어 리더십을 장점으로 내세웠다면 독단적이라는 것이 단점이 될 수 있다. 강한 리더십을 발휘하다 보면 필연적으로 독단적이라는 문제가 생길 수 있기 때문이다. 따라서 단점 부분에서 독단적이라는 비판을 받기도 했다고 내세우면 리더십이라는 장점이 오히려 부각될 수 있다. 독단적이란 것을 단점으로 내세웠다면 그것을 어떻게 극복해 왔는지 방법을 세 가지 정도 밝혀야 한다. 그리고 지금은 그 단점이 오히려 좋은 결과로 이어졌다는 것을 보여주어야 한다. 이렇게 된다면 장점과 단점 서술에서 완전하면서도 고급스러운 서술이 될 수 있다. 그렇지 못한 지원자들과 비교하면 확실하게 경쟁력 있는 자소서가 될 수 있다.

  다음 사례가 그러한 요소를 담은 자소서다.

자신의 장점과 단점을 서술하시오.

제 장점은 리더십입니다. 학교에서 '청록회'라는 봉사 동아리 회장을 맡아 일해오면서 짧은 기간에 동아리 인원을 늘리고 내실화를 꾀했습니다. 처음 제가 회장을 맡을 때는 회원이 17명밖에 되지 않았습니다만 주례·월례 봉사활동 등 운영 프로그램을 새로 짜고 평가 시스템을 마련하는 등 내실화를 기하고 벽보 부착 등 홍보를 더욱 열심히 한 결과 한 학기 만에 회원을 50명으로 늘릴 수 있었습니다. 축제 기간 중에 열린 동아리 경진대회에서는 외국인 학생들과 어울려 각각의 문화를 유머스럽게 발표하는 연극을 기획하고 연출해 최고상을 수상하면서 50만원의 상금을 받기도 했습니다.

제 단점은 간혹 독단적이라는 평가를 받는 것입니다. 조직을 이끌어 가면서 강하게 리더십을 발휘하다 보니 가끔은 남과 상의하지 않고 혼자서 판단하고 결정한다는 불만을 듣기도 했습니다. 그러나 이러한 문제를 인지하고 해결하기 위해 나름대로 노력해 왔습니다. 우선 중요한 의사결정을 할 때는 혼자서 하지 않고 반드시 남들과 상의한다는 규칙을 만들어 시행하고 있습니다. 전체의 의견을 취합하기 어려운 경우에는 최소한 세 명 이상의 의견을 들어보고 결정한다는 원칙도 마련해 실천해오고 있습니다. 또한 조금이라도 여유가 있는 경우에는 바로 결정하지 않고 시간적 여유를 두고 숙성시켜서 결정하는 버릇을 들이려고 노력하고 있습니다. 이렇게 스스로 반성하고 약점을 보완하기 위해 노력해오다 보니 지금은 독단적이라는 이야기를 듣지 않게 됐습니다.

👍 좋아요

자신의 리더십을 동아리 회장으로서 활동한 사례를 들어 구체적으로 설명하면서 보여준 뒤 '독단적'이라는 것을 단점으로 내세웠다. 리더십을 강하게 발휘하다 보면 독단적이라는 요소가 나올 수 있으므로 단점을 '독단적'이라고 설정한 것은 적절해 보인다. 이렇게 단점을 내세웠다면 다음은 그 단점을 어떻게 극복해 왔는지를 서술하는 것이다. 여기에서는 중요한 문제는 반드시 전체 의견을 취합하고, 최소 세 명 이상의 의견을 들어보고, 시간적 여유를 가지고 결정하는 등 세 가지 방안으로 극복해 왔다고 밝히고 있다.

이러다 보니 리더십은 리더십대로 강조되고 또 단점을 극복하기 위해 항상 반성하고 성찰하는 사람으로 비춰진다. 여기에서 보여준 단점 극복 방안은 중요한 일을 처리하는 데 있어 누구에게나 꼭 필요한 신중함이기도 하다. 단점을 내세우고 그것을 극복하는 방안을 적절하게 서술함으로써 단점이 오히려 장점으로 승화되는 역할을 하고 있다. 장단점 서술은 이와 같이 하는 것이 가장 좋은 방법이다.

16   질문이 없는 경우엔
제목으로 항목을 구분하라

―――― **질문 없이 알아서 쓰는 경우에도 항목 구분해야
제목을 질문 대신 활용하면 고급스러워 보인다**

질문 항목을 주지 않고 알아서 쓰게 하는 경우는 어떻게 서술해야 할까? 실제로 학생들에게서 종종 받는 질문이다. 대부분 질문을 제시하고 분량을 정해주지만 그렇지 않은 경우도 있기 때문이다. 질문과 글자수를 지정해주면 그에 따라 써 내려가면 되지만 그렇지 않은 경우는 어떻게 적어야 할지 지원자로서는 난감한 일이다.

이때는 스스로 항목을 나누어 각 항목당 500~1000자로 서술해야 한다. 1000자를 넘어가면 읽기 힘들다. 성장과정, 지원동기, 학교생활이나 사회경험(직무 관련 경험), 장단점, 포부 등이 반드시 들어가야 할 내용이다. 그렇다고 '성장과정'이라고 적고 그 밑에 관련 사항을 서술하는 것은 너무나 단순해서 촌스럽다. 질문을 스스로 붙이려니 그 또한 어색하기는 마찬가지다. 이럴 때는 제목을 활용해 항목을 구분하는 것이 정답이다.

즉 성장과정에 해당하는 것에 그와 관련한 본문의 내용을 제목으로 달아 서술하고, 그 다음 지원동기에 관한 것은 다시 본문의 핵심 내용을 제목으로 단 뒤 써 내려가면 일목요연해 평가자가 읽고 이해하기가 쉬워진다. 만약 이렇게 항목을 구분하지 않고 전체

를 하나의 글로 적어 내려간다면 어디서 어디까지가 무슨 내용인지 잘 들어오지 않고 지루해지므로 실패하기 십상이다.

주의해야 할 점은 각 항목의 길이를 적당히 맞추어야 균형감이 살아난다는 점이다. 어떤 것은 500자, 어떤 것은 800자, 어떤 것은 1000자로 쓴다면 균형이 맞지 않아 몹시 어설퍼 보이고 완성도가 떨어진다. 800자를 선택했다면 다른 항목도 이와 비슷하게 길이를 맞추어야 한다. 항목의 나열 순서도 성장과정, 지원동기, 직무 관련 경험, 장단점, 포부 등으로 하는 것이 좋다. 일반적인 자소서 양식이기 때문에 이것이 자연스러운 흐름이다.

대개 3000자 정도의 분량을 요구한다. 이렇게 전체 분량이 정해지는 경우 그에 맞춰 적절하게 나누어 서술하면 된다. 만약 전체 분량이 지정되지 않은 경우 지나치게 길게 쓰면 곤란하다. 너무 길면 시간에 쫓기는 평가자가 그것을 다 읽어볼 수가 없다. 대략 A4 용지 2장 정도가 적당하다. 무언가 풍성해야 그럴듯해 보인다는 것은 옛날 얘기다. 속도와 축약의 시대에 긴 글은 맞지 않는다. 간결하게 작성해야 인사담당자들이 좋아한다.

글이 늘어지는 것을 방지하기 위해서는 무엇보다 군더더기나 중복이 없어야 한다. 꼭 필요한 것만 쓰고 비슷한 내용이 나오지 않도록 주의해야 한다. 또한 '그리고' '그러므로' '그런데' 등 꼭 필요하지 않은 접속사나 '정말' '엄청' 등 불필요하게 강조하는 부사어가 들어가지 않도록 해야 한다. 많은 지원자의 소개서를 일일이 읽어봐야 하는 인사담당자로서는 별다른 내용 없이 길게 늘어지는 자소서를 계속 읽고 싶은 마음이 생길 리 없다.

17 글 쓰는 능력을 보여줘라

─── 회사에선 보고서 등 서류 작성하는 일 많아
자소서에서 글쓰기 능력이 있음을 보여줘야

     자소서는 글쓰기 시험이 아니다. 자소서라는 글의 형태를 통해 그가 어떤 사람인지를 판단하는 서류일 뿐이다. 그렇다고 글쓰기 요소를 등한시해서는 안 된다. 내가 어떤 사람인지를 질문에 맞추어 서술해 나가는 것 자체가 글쓰기이고 글 쓰는 능력이 있는지 없는지 그대로 드러난다. 따라서 자신의 생각이나 의견을 글로 표현하는 능력이 있다는 것을 보여주어야 한다.

  회사에서는 글을 쓸 일이 많다. 수시로 기획서를 써야 하고 보고서를 작성해야 한다. 요즘은 업무 자체로 끝나는 것이 아니라 모두가 서류 형태로 기록을 남겨야 한다. 실제로 삼성의 경우 직원들이 일주일에 평균 세 개의 보고서를 작성한다는 조사 결과도 있다. 따라서 직장인은 글 쓰는 능력이 중요하다. 만약 기획서·보고서 등을 작성할 능력이 되지 않는다면 상사가 다시 쓰거나 가필을 해 윗선에 제출해야 하므로 보통 일이 아니다. 따라서 자기소개서를 통해 글쓰기 능력도 어느 정도 판단할 수밖에 없다.

  무슨 이야기인지 이해가 가지 않아 두 번, 세 번 읽어봐야 한다든가, 비슷한 이야기를 계속 늘어놓아 지루해진다면 다른 능력이 좋아도 그를 선발할 리 없다. 문장이 너무 길어서 도저히 끝까지 읽어 내려가기 힘들다든가, 곳곳에 오탈자나 비문이 있어도 좋은 인상을 주기 어렵다. 자신의 생각을 논리적이고 체계적으로 글의 형태로 표현할 수 있는 능력이 있다는 것을 보여 주어야 한다.

자소서 작성이 어려운 것은 바로 글쓰기와도 연관돼 있기 때문이다. 저자가 경험한 바로는 글쓰기 실력이 바로 자소서 작성 능력과도 연결된다. 글쓰기가 잘 안 되니까 자소서를 쓰기 어려운 측면이 강하다. 생각은 머리에서 맴돌지만 막상 그것을 쓰려고 하면 제대로 정리가 되지 않는다. 반대로 글을 잘 쓰는 학생은 자소서도 잘 작성하게 마련이다. 대체적으로 글을 잘 쓰는 사람은 특별히 지도를 하지 않아도 자소서를 잘 쓴다.

혹 글쓰기 능력이 부족하다고 생각하거나 자신이 작성한 자소서에 문제가 없는지 궁금하다면 남들에게 한번 읽어보게 한 뒤 의견을 구하면 된다. 꼭 전문가가 아니더라도 상관없다. 글을 쓰는 능력은 없어도 남의 글을 읽고 판단하는 능력은 대부분 있으므로 동료에게 보여주고 의견을 듣기만 해도 많은 도움이 된다. 남들이 보면 자신이 미처 생각하지 못했던 부분이나 문제가 있는 부분이 쉽게 눈에 띄므로 반드시 다른 사람에게 읽어보게 한 뒤 의견을 듣고 보충하는 것이 바람직하다. 물론 글을 잘 쓰는 사람에게 보여주면 더욱 좋다.

18   개성 있는 문체가 강한 인상을 준다

──── 자신만의 스타일로 차별성 있게 다가가려면
　　　나만의 개성 있는 글투로 참신하게 서술해야

지원자들의 자기소개서를 보면 서술 방식이 천편일률적인 경우가 대부분이다. 여기저기 원서를 내다 보니 판에 박힌 문장으로 자소서를 대충 쓰거나 성의 없이 작성하는 사람도 있다. 사례집에 나와 있는 것을 베끼기도 하고 이전에 합격한 선배의 자소서를 적당히 가공해 제출하는 학생도 있다. 그러나 이렇게 해서는 좋은 결과를 기대하기 어렵다.

남들과 비교되는 자신만의 스타일이 있어야 차별성 있게 다가갈 수 있다. 그러자면 다른 사람과 구별되는 자신만의 이야기를 특색 있는 문체와 스토리텔링으로 작성해 나가야 한다. 남들과 비슷한 글투로는 강한 인상을 주기 어렵다. 소재나 그것을 풀어 나가는 서술 방식이 참신해야 평가자의 눈에 띄는 자소서가 될 수 있다. 만약 자신만의 개성 있는 스타일로 서술한다면 비슷비슷한 자소서 가운데 눈에 확 들어오기 때문에 선택되는 자소서가 될 확률이 높다.

프랑스의 계몽사상가인 뷔퐁(buffon)은 "문체는 곧 인간이다"고 했다. 문체란 글을 쓰는 사람의 개성과 표현의 독창성이 드러나는 방식이며 그 사람이 그대로 투영된다는 것이다. 특색 있는 문체에는 글의 형태나 표현뿐 아니라 호흡과 리듬도 포함된다. 글 속에는 호흡과 리듬이 있어 글을 읽어보면 그 사람의 성격이 급한지 차분한지도 드러난다. 가급적 짧은 문장으로 작성하되 너무 단조롭지 않게끔 약간 긴 문장과 섞어서 리듬감 있게 굴러가도록 하면 좋다. 요즘은 대부분 인터넷을 통해 자기소개서를 제출하기 때문에 종이에 쓸 때만큼 필체를 볼 수는 없지만 컴퓨터 문서로 작성한 글에서도 어느 정도 개성이 드러난다.

앞서 언급했듯이 자소서가 글쓰기 능력을 보기 위한 시험은 아니다. 그 사람이 지원하는 회사에 잘 맞는 사람인지, 업무를 잘 소화할 수 있는 사람인지, 함께 일하기에 적절한 사람인지 등을 판단하는 서류다. 그러나 글을 통해 자기 자신을 보여준다는 점에서 글쓰기 실력과 함께 그 사람의 개성이 그대로 드러난다. 무언가 특색 있는 글투로 차별성 있게 다가간다면 더욱 손에 잡히는 자소서가 될 수 있다.

다음 자소서를 보자. JTBC에 지원한 것이다.

시청자들이 만날 다름다운 사람, 김하늘(가명) 보도국장
"다름다움은 타인의 다름을 인정하는 데서 시작됩니다."
'JTBC BRIDGE'라는 시청자 참여 어플을 기반으로 세계 보도 체계에 새로운 지평을 제시한 김하늘 보도국장의 말이다. 브릿지를 통해 하루 4억 개가 넘는 뉴스들이 전 세계를 오고간다. 브릿지의 도입과 함께 JTBC는 2045년 타임의 가장 영향력 있는 언론사 1위에 선정되었다. JTBC의 성공은 JTBC가 강조해온 '다름다움'에서 시작되었다고 그녀는 말한다. 30년의 시간을 JTBC와 함께 해온 김하늘 보도국장을 만났다.

직접 현장에서 경험한 다름과 그 해법, 소통

"지하철 빈자리를 두고 한 여대생과 할아버지 사이에 오고갔던 험한 말들이 아직도 기억에 생생해요. 세대 간의 다름을 서로 이해하지 못하고 있었죠." 30년 기자 생활 동안 현장을 강조해온 그녀의 20대는 역시 김하늘스러웠다. "'요즘 젊은 것들은 버릇이 없다'는 말이 고대 벽화에서도 발견됐다고 하잖아요? 어르신들과 직접 이야기하고 싶었어요. 한 문화기획단체에서 어르신들께 젊음의 하루를 선물하자는 취지로 기획한 '나이 없는 날'이라는 행사의 기획단장을 자청해 활동했어요."

"홍보를 위해 행사장소와 가장 가까운 영천시장으로 직접 찾아갔죠. 며칠간 영천시장에서 청소도 하고 설거지도 하면서 어르신들과 함께 생활했습니다. 30년간 떡볶이 장사를 하신 할아버지, 손녀의 출산을 앞두고 직접 만든 양말을 파시는 70대 할머님의 이야기를 통해 많은 것을 배웠습니다. 현장에서만 얻을 수 있는 깨달음이었어요. 격동의 60·70년대를 살아오신 어르신들이 젊은이들에게 느끼시는 아쉬움은 어쩌면 당연한 것이었어요. 직접 듣고 나니 이해가 되더라고요."

지원자 자신이 30년 뒤 보도국장이 돼 있는 것을 가정해 기자가 그를 취재하는 형식으로 이야기를 풀어 나갔다. 지원자가 누구를 인터뷰한 내용을 담은 자소서는 많지만 역으로 이렇게 누군가가 지원자를 인터뷰한 서술 방식은 색다른 것이다. 기자가 자신을 취재하는 형식도 기발하지만 30년 뒤의 상황을 가정한 것도 독특한 방식이다. 인터뷰 내용에는 자신이 하고 싶은 이야기가 포함돼 있다. 무엇보다 남들이 생각해내지 못한 기발한 형식과 문체로 작성했다는 점에서 강한 인상을 주고 있다. 이처럼 똑같은 이야기를 서술하더라도 형식과 문체를 달리할 필요가 있다. 지원자들이 작성한 자소서가 거의 비슷한 이야기를 천편일률적으로 하는 경우가 많기 때문에 이렇게 자신만의 독특한 방식으로 서술한다면 평가자에게 차별성 있게 다가갈 수 있다.

19 어투의 일관성을 유지하라

존댓말, 평이한 말 어느 것이든 가능
일관성 있게 적어 내려가는 것이 중요

자소서는 존댓말로 써야 할까, 반말(평이한 어투)로 써야 할까. 대부분 사람이 존댓말로 써야 한다고 생각한다. 실제로 90% 이상의 자소서가 존댓말로 쓰인다. 그러나 평이한 어투로 써도 문제는 없다. 평이한 어투가 오히려 자신감이 있어 보이고 객관적으로 보여 차별성이 있을 수도 있다. 어느 쪽으로 표현해도 크게 관계는 없다.

존대 어투는 '저는 ~습니다' 형태가 되고, 평이한 어투는 '나는 ~다' 형태가 된다. 문제는 써 내려가다 집중력이 떨어져 이들이 섞이는 경우가 있다는 것이다. '나는'으로 시작했다가 '저는'이 나오거나, '~이다'고 했다가 '~습니다'로 하는 등 일관성을 잃으면 안 된다. 자기소개서를 써 내려가다 보면 내용에 집중하다 보니 어투가 왔다 갔다 하는 경우가 생긴다.

상대에 대한 호칭이나 존칭도 통일해 써야 한다. 상대를 이렇게 불렀다 저렇게 불렀다 해서는 곤란하다. 어투나 호칭을 일관성 있게 유지하는 것 못지않게 지나친 존칭은 거부감을 준다는 것도 기억해야 한다. 객관적으로 '선배들'이라고 해도 될 것을 굳이 '님'자를 붙여 '선배님들'이라고 하거나 '모든 사람이 존경하는 회장님' 등 존대가 지나치면 잘 보이려고 아부하는 듯한 인상을 주기 때문이다.

　'입사 선배님들과 고참님들이 가르쳐 주시는 것을 열심히 배워서 부족함이 없도록 하겠습니다'가 이런 경우인데 '입사 선배들이나 고참들이 가르쳐 주는 것을~'이라고 해도 될 것을 지나치게 존칭을 사용해 어색함을 준다. 자소서를 작성할 때는 나의 입장에서 서술해 나가는 것이므로 '나는'이나 '저는' 등 자신을 지칭하는 표현도 가능하면 줄여 쓰는 것이 좋다. 이런 말을 사용하지 않아도 대부분 글의 흐름에 지장이 없다.

　아래 자소서를 보자.

Before

짧은 기간에 정보기술(IT) 분야에서 우리나라 최대 기업으로 성장한 STR사에 입사한다는 것은 누구에게나 자부심을 갖게 하는 일이다. 미래 산업의 주도적 역할을 해 나갈 IT 기술 분야에서 제 꿈을 펼치고 싶습니다. ㉠저는 그동안 IT 능력을 쌓기 위해 자바 자격증과 네트워크 관리사 자격증을 취득했으며, 방학 때는 OTC코리아에서 네트워크 관련 인턴을 하기도 했습니다. ㉡제 전공과 인턴 등 사회경험을 통해 쌓은 그간의 경험을 바탕으로 혁신적인 기술 개발에 일익을 담당하는 주역이 되고자 합니다. 나아가 이 분야의 최고전문가가 되는 것을 ㉢나의 목표로 열심히 일하겠습니다.

원래 자소서를 보면 첫 문장에서는 '일이다'고 해서 존댓말이 아닌 평이한 어투로 시작했다가 다음 문장에서는 '싶습니다' 하고 존댓말이 나온다. 또 '저는'이라고 했다가 '나의'라는 표현이 등장한다. 이처럼 어투가 왔다 갔다 해서는 곤란하다. 사람이 집중력이 없어 보이고 어딘지 허술해 보인다. 존댓말을 쓰든, 평이한 말투를 쓰든 일관성을 유지해야 한다. '저는' '나의'처럼 글 쓰는 사람을 나타내는 말은 대부분 없어도 흐름에 지장이 없으므로 ㄱㄴㄷ처럼 없어도 말이 되는 것은 빼는 게 낫다.

After

짧은 기간에 정보기술(IT) 분야에서 우리나라 최대 기업으로 성장한 STR사의 직원이 된다는 것은 누구에게나 자부심을 갖게 하는 일입니다. 미래 산업의 주도적 역할을 해 나갈 IT 기술 분야에서 제 꿈을 펼치고 싶습니다. 그동안 IT 능력을 쌓기 위해 자바 자격증과 네트워크 관리사 자격증을 취득했으며, 방학 때는 OTC코리아에서 네트워크 관련 인턴을 하기도 했습니다. 전공과 인턴 등 사회경험을 통해 쌓은 그간의 경험을 바탕으로 혁신적인 기술 개발에 일익을 담당하는 주역이 되고자 합니다. 나아가 이 분야의 최고전문가가 되는 것을 목표로 열심히 일하겠습니다.

20 제출한 자소서는 반드시 복사해 보관하라

―― 자소서는 면접의 기본 자료로 사용
면접 가기 전 읽어보며 질문에 대비해야

자기소개서로 1차에서 합격하면 면접을 보게 된다. 많은 학생이 1차 서류에 합격하고 면접에 갈 때는 면접 대비에 집중하기 때문에 자소서에서 한 이야기를 잊어버린다. 특히 여기저기 자소서를 내다 보니 어디에 무슨 말을 했는지 기억하지 못하기 십상이다. 그래서 면접관이 자소서에 있는 내용을 물어봤을 때 엉뚱한 대답을 하는 경우가 발생하기도 한다.

면접에 가기 전에 반드시 챙겨야 하는 것이 자소서다. 자소서에 무엇을 어떻게 적었는지 다시 한 번 확인해 보고 혹시나 이에 관해 질문하는 경우에 대비해야 한다. 면접관들의 손에 있는 자료에는 기본적으로 면접 보는 학생들의 자소서가 포함돼 있다. 실제로 면접관들은 자소서를 보고 그와 관련한 질문을 많이 한다.

'블라인드 면접'이라고 해서 면접 보는 학생들과 관련한 자료를 일절 면접관들에게 주지 않고 백지 상태에서 면접을 보게 하는 경우도 있다. 그러나 대부분은 면접관에게 자기소개서를 나누어 주고 기본적인 질문 자료로 활용하게 한다. 이런 경우 면접관이 관심이 가거나 궁금한 부분에 대해 구체적으로 물어보곤 한다.

특히 자소서에서 조금 과장한 부분이 있거나 사실과 달리 서술한 것이 있다면 반드시 그에 대한 답변을 준비해야 한다. 면접 시

지원자의 답변이 자소서 내용과 다르다면 지원자의 신뢰성에 큰 타격을 주게 된다. 면접관들에 따르면 실제로 자소서와 달리 대답하는 사람이 적지 않고 이들이 바로 '비호감'이라고 한다. 따라서 자소서를 포함해 기업에 제출한 모든 자료는 반드시 복사본을 보관하고 면접을 가기 전에 다시 한 번 훑어봐야 한다. 모호하게 표현됐거나 약점이라고 생각하는 부분에 대해서도 답변을 준비하는 것이 좋다.

제 4 장

이렇게 쓰면 떨어진다

01 자소서에서 웬 군대 얘기

───── 군대에 가면 누구나 고생을 하게 마련
　　　어쩔 수 없이 거치는 과정은 소재로 부적절

MSG(군대, 재수, 학점)를 피하라

　자소서 작성은 소재 선택과 가공의 두 가지 단계를 거친다고 언급한 바 있다. 웬만한 소재도 적절한 가공을 거치면 임팩트 있는 이야기가 될 수 있다. 그러나 소재로서 아예 부적절한 것이 있다. 즉 아무리 가공을 해봐야 경쟁력이 없기 때문에 소재로 활용하지 않는 게 바람직한 것이 있다. 바로 군대, 재수, 학점 이야기다.

　학교에서 강의도 하고 수많은 학생의 자소서를 컨설팅해 오면서 이 세 가지는 소재로 부적절하다는 결론을 내렸다. 이들 소재는 아무리 가공을 해도 경쟁력을 확보하기 어렵다. 적지 않은 고생을 하면서 열심히 노력해 목표를 달성하거나 소중한 교훈을 얻은 경험이지만 너무나 당연한 이야기이고 어쩔 수 없이 열심히 해야 하는 것들이다. 이러한 소재는 스토리가 예상 가능한 범위에 있어 가공을 해봐야 그 자체로 경쟁력이 없다.

　군대(military), 재수(study one more year), 학점(grade)의 영어 머리글자를 따 MSG로 이름 붙여 학생들에게 기억하기 쉽게 가르치고 있다. 이런 것은 누구나 겪을 수 있는 것이고 당연히 열심히 해야 하는 것이어서 소재로 부적합하다. 이런 것보다는 자신의 발전을 위해 스스로 선택한 것으로 남들이 하지 않거나 경험하기 어려운 특별한 일을 소재로 삼는 것이 좋다. 자신보다 남을 위해 노력하고 고생한 경험을 소재로 삼으면 더욱 좋다. 성장과정에서 누구나 당연히 거쳐오는 통과의례나 어쩔 수 없이 해야 하는 것은 경쟁력 있는 이야기가 될 수 없다.

고생을 통해 소중한 것을 얻은 경험을 서술하라는 질문에 군대 이야기를 소재로 선택해 서술하는 학생이 의외로 많다. 물론 남학생들이다. 군대를 갔다 온 사람은 아무래도 고생이라고 하면 군대가 떠오르게 마련이므로 군대를 소재로 선택할 법도 하다. 제대 뒤에는 얼마 동안 군대 일들이 머리를 맴돌고 친구들과의 대화 주제가 되기도 한다. 그러다 보니 자소서를 작성할 때도 손쉽게 군대 이야기가 떠오를 수 있다. 그러나 고생한 경험으로 군대를 소재로 삼는 것은 문제가 있다.

군대 가서 고생하지 않은 사람이 어디 있겠는가. 군대에 가면 누구나 고생하게 마련이고 사고 없이 건강하게 제대하면 그것으로 족하다. 군대 근무가 고생스러운 것은 얘기하지 않아도 다 알고 있다. 또 군대에 갔다 온 사람이라면 웬만큼 다 고생을 하고 오기 때문에 경쟁력 있는 이야기가 될 수 없다. 만약 지원자가 서술한 군대의 고생 이야기보다 더한 고생을 인사담당자가 군대에서 겪고 왔다면 웃기는 이야기로 들릴 수도 있다.

따라서 군대 이야기는 아주아주 특별한 경우가 아니라면 고생한 이야기로서 소재가 될 수 없다. 고생한 이야기의 소재로는 어쩔 수 없이 한 일, 누구나 거쳐 가는 일이 아니라 하지 않아도 되는 일을 자신의 발전을 위해, 또는 남을 위해 자신을 희생해 가면서 한 일이 가장 적절하다. 이를테면 봉사활동이라든가 자전거 전국 일주 도전, 해외 배낭여행, 사막횡단 도전에서 겪은 경험이나 고생담 등이 안성맞춤이다. 창업했다 실패한 경험 또는 성공한 경험 등도 경쟁력 있는 이야기 소재가 될 수 있다.

고생한 경험을 서술하라는 질문에 군대 이야기를 소재로 선택해 다음과 같이 쓴 학생이 있었다.

> **자신이 고생한 경험과 그 과정을 거쳐오면서 터득한 것에 대해 서술하시오.**
> 저는 어떠한 일을 맡으면 철저한 준비 과정을 통해 그것을 완수해내는 사람입니다. 제가 군대에 있을 때 사단장 운전병으로 보직을 받았습니다. 사단장을 모시고 운전을 해 여기저기 정확하게 모셔드리는 것이 제 일과였습니다.
> 제가 군대에 근무할 당시에는 내비게이션이 없었기 때문에 지도를 보고 목적지를 찾아가야 했습니다. 미리 지도를 보고 정확하게 길을 알아두지 않으면 길을 헤맬 수밖에 없습니다. 따라서 항상 다음날 일정을 체크해 미리 지도를 찾아보면서 어떤 길로 어떻게 갈지를 연구했습니다. 지도를 보면서 가장 빠른 길과 소요되는 시간을 파악했습니다.
> 이러한 노력의 결과로 사단장에게서 칭찬을 받기도 했습니다. 한 번도 도로를 잘못 들어서거나 시간이 지체됐다고 혼난 적이 없습니다. 이러한 업무수행은 미리미리 준비하는 정신이 가져다 준 결과였습니다. 게으르지 않고 미리 준비하면 모든 것을 완벽하게 수행해낼 수 있다는

자신감을 얻었습니다. 유비무환(有備無患)이라는 말이 있듯이 미리미리 준비하면 무엇이든 완벽하게 수행해낼 수 있다는 것을 터득했습니다.

군대에서 사단장 운전병으로 근무했는데 사단장이 일정을 알려주면 지도를 찾아보고 미리 준비해서 길을 잘 찾아다녀 사단장에게서 칭찬을 받았다는 것이 주된 내용이다. 그리고 이 과정에서 유비무환을 터득했다는 것이다. 이 학생은 나름대로 군대생활을 열심히 해서 미리미리 준비하면 좋은 결과로 이어진다는 것을 터득했다고 말하고 싶었겠지만 미안하지만 서류 탈락이라고 봐야 한다. 군대에서 고생하지 않은 사람이 어디 있겠는가. 더욱이 군대에서 사단장 운전병을 했다면 소위 '꽃보직'에서 편안하게 생활한 것이나 마찬가지다.

최전방 철책선에서 한겨울 추위에도 보초를 서는 군인들을 생각해 보라. 이 얼마나 한가하고 가소로운 이야기인가. 군대에서는 누구나 고생을 하고 상대적으로 더 고생한 사람이 많을 수 있다. 만약 더 고생한 평가자가 이 자소서를 읽어보면 코웃음을 칠지 모른다. 군대는 다치거나 사고 없이 무사히 제대하면 다행이다. 현역으로 군대를 갔다 왔다는 것 자체가 훈장이고 더 없는 가치를 지니는 일이므로 이력서에 현역 제대라는 표시로도 미루어 다 짐작이 간다. 굳이 고생한 경험으로 군대 이야기를 한다는 것은 소재의 빈약함과 사고력의 빈곤을 드러낸다.

02 재수 이야기를 뭘 자랑거리라고

───── 재수하면서 고생했다는 것은 너무나 뻔한 얘기
남들이 겪기 어려운 특별한 경험이 경쟁력 있어

고생한 경험과 그것을 통해 얻은 것을 서술하라는 질문에 재수 이야기를 소재로 삼는 지원자도 적지 않다. 그러나 이 역시 문제가 있다. 고등학교를 졸업하고 바로 대학에 들어가지 못해 재수를 했다면 이는 어쩔 수 없이 선택한 과정이다. 그리고 재수하는 동안 어느 정도 심적 고통이 있고 그것을 힘들게 거쳐 왔으리라는 것은 누구나 짐작할 수 있다.

물론 재수하는 것을 낮추어 얘기하려는 것이 아니다. 자신에게는 분명 힘든 시기였고 그것을 겪으면서 많은 것을 터득한 소중한 경험이 될 수 있다. 그러나 재수를 하면서 고생했다는 것은 너무나 뻔한 이야기여서 신선함이 떨어지고 상대적으로 경쟁력을 확보하기가 쉽지 않다. 재수 자체가 고생스럽고 힘든 과정이다. 고생한 경험담으로 재수 이야기를 하는 것 역시 소재의 빈곤을 드러내는 일이다.

다음 자소서를 보자.

▤ 힘들게 고생한 경험과 그것으로부터 터득한 점을 적으시오.
나름대로 노력했지만 원하는 대학에 들어가는 것에 실패했습니다. 떨

어지고 나서 가족을 볼 면목도 없고 마음이 너무나 힘들었습니다. 재수를 한다는 것이 처음에는 스스로 받아들이기가 어려웠습니다. 너무나도 암담한 생각이 들기도 했습니다. 그러나 열심히 해서 1년 뒤에 반드시 다시 들어갈 것이라고 마음먹었습니다.

기숙학원은 너무 비싸 그냥 종합학원에 다니면서 공부를 했습니다. 학원이 끝나면 도서관에서 문을 닫을 때까지 공부를 하고 집으로 돌아왔습니다. 매일 이런 일을 반복하면서 심적으로 상당히 힘이 들었습니다. 대학에 들어간 친한 친구들을 만나지도 못하고 공부만 하려니 외로움이 밀려오기도 했습니다. 그러나 반드시 대학에 들어가겠다는 신념으로 굳게 마음을 먹고 열심히 했습니다.

1년 뒤 다시 수능을 보고 마침내 원하는 대학에 들어갔습니다. 1년 동안 공부한 것이 헛되지 않았다는 사실이 무엇보다 기뻤습니다. 그리고 부모님에게도 면목이 서게 돼 너무나 좋았습니다. 재수를 통해 강인한 정신력을 터득했습니다. 강하게 마음을 먹으면 못할 것이 없다는 생각이 들었습니다. 재수하면서 얻은 강인한 정신력은 이후에도 제가 무슨 일을 하든지 힘들 때마다 버텨낼 수 있는 바탕이 되었습니다.

재수를 하면서 심적 고통을 많이 겪었고 그 과정을 통해 강인한 정신력을 길렀다는 것이 줄거리다. 그러나 소재가 재수라는 점에서 상대적으로 경쟁력 있게 와 닿지 않는다. 재수 이야기는 시작부터 고생을 어느 정도 했으리라는 짐작이 가능하므로 신선함이 떨어진다. 남을 위해 봉사한 경험이라든가 남들이 겪기 어려운 특별한 경험을 소재로 한 학생들보다 경쟁력이 떨어질 수밖에 없다. 이런 경우에는 가급적 소재를 바꾸는 것이 바람직하다.

편입학 이야기도 적지 않게 나오는데 재수와 마찬가지로 관심이 가거나 경쟁력 있는 이야기가 될 수 없다. 편입은 자신만의 특별한 경험이긴 하지만 상대적으로 경쟁력을 갖기는 어려운 소재다. 아무리 편입할 때 마음 고생한 것과 그것을 어떻게 극복하고 노력해서 편입에 성공했는지 늘어놔 봐야 경쟁력 있게 들리기 어렵다. 이 역시 어쩔 수 없이 스스로 선택한 과정이고 예상 가능한 스토리가 전개되므로 신선함이 떨어진다.

물론 재수나 편입이나 본인에게는 힘든 과정이고 커다란 의미가 있는 것은 사실이다. 자신의 인생에서 참으로 어려웠던 과정이고 그것을 잘 극복해 오늘이 있는 것이므로 본인에게는 너무나도 소중한 경험일 수 있다. 이를 부정하는 것은 아니다. 다만 취업을 위해 작성하는 자기소개서의 소재로서 그리 경쟁력 있는 이야기는 아니라는 점을 말하는 것이다.

다음 사례를 보자.

≡ 고생한 경험과 그것으로부터 터득한 사실을 서술하시오.

편입 실패 등 나름대로 노력을 했는데도 불구하고 일이 잘 풀리지 않았습니다. 그럴 때마다 무엇이든 손쉽게 해내는 주위 사람들을 보며 그들과 저의 차이는 '운'이라고 생각했습니다. 하지만 편입을 재도전하는 과정에서 그동안 제가 말해 왔던 '최선'은 결코 최선이 아니었음을 깨달았습니다.

우연히 보게 된 이문열의 《젊은 날의 초상》에서 "너는 말이다. 한번쯤 그 긴 혀를 뽑힐 날이 있을 것이다. 언제나 번지르르하게 늘어놓고 그 실천은 엉망이다. 오늘도 너는 열 시간의 계획을 세워놓고 겨우 두 시간 분을 채우는 데 그쳤다"는 시를 읽고 노력 대신 운이나 요행으로 목표를 달성하려고 했던 저를 반성하였습니다.

편입 재도전에 성공한 후 과거에는 운이 좋다고 말하는 사람이 부러웠지만 이제는 최선을 다하는 태도를 갖게 되었습니다. 이러한 태도를 갖게 해준 실패의 경험과 편입의 경험에 감사히 생각하게 되었습니다. 가능성이 적다고 생각하면서도 '최선을 다해 후회 없도록 하자'고 생각하며 꾸준히 노력하였습니다. 시험 결과가 나온 후에야 기적과 같은 일이 일어났다며 기뻐할 수 있었습니다. 이후 '최선을 다하는 삶'이 제 생활신조가 되었습니다.

편입을 위해 노력하고 고생한 경험을 통해 '최선을 다하는 삶'이 필요하다는 것을 터득했다는 줄거리이지만 소재 자체가 상대적으로 경쟁력이 있다고 보기 어렵다. 이력서 난에 편입했다는 사실을 적는 것만으로 충분하다. 평가자는 그것으로도 충분히 고생했겠구나 하는 짐작을 할 수 있다. 만약 다른 고생한 경험이 있다면 그것으로 소재를 바꾸는 편이 낫다.

03 학점은 점수 보면 아는데 뭘 구구절절이

───── 학점 자체가 얼마나 고생했는지 보여주는 척도
너무나 당연한 이야기로는 경쟁력 확보 어려워

대학에 다니면서 학점을 따느라 고생한 이야기를 적는 사람도 적지 않다. 새벽에 일찍 나가 도서관 자리를 잡고 밤늦게까지 공부한 뒤 캠퍼스를 나서면서 느끼는 감상 등을 적으면서 열심히 공부해 좋은 학점을 받았다는 것을 서술하는 학생이 있다. 하지만 이 역시 하나 마나한 이야기다. 학점 따려고 얼마나 고생했는지는 학점이 말해 준다. 굳이 그 과정을 설명할 필요가 없다.

정말로 특별하고 예외적인 일이 있었다면 몰라도 학점이 좋은 학생이라면 당연히 했을 일을 굳이 자세하게 서술할 필요가 없다. 너무나 당연한 이야기로는 경쟁력을 확보하기 어렵다. 봉사활동 등 남을 위해 자신을 희생한 이야기를 감동적으로 적은 학생이나 사막 일주 등 일반 학생들이 경험하기 어려운 활동을 서술한 지원자와 비교해보면 어떤 결과가 나올지 뻔하다. 학점을 따느라 고생한 이야기도 소재로 피하는 것이 바람직하다.

다음 사례를 보자.

> 나름대로 최선을 다해 어떠한 결과를 이룬 것과 그것을 통해 느낀 점을 서술해 주세요.

최선을 다하는 삶

저는 학생으로서 무엇보다 학업에 충실해야 하고 학점이 중요하다고 생각합니다. 교양과목과 전공을 막론하고 모든 과목에서 좋은 학점을 따기 위해 많은 노력을 기울였습니다. 수업에 충실하기 위해 무엇보다 앞자리에 앉는 것이 중요하다고 생각했습니다. 그래서 항상 남들보다 30분 일찍 강의실에 도착해 맨 앞자리에 앉았습니다. 그렇게 함으로써 교수님의 수업을 하나도 빠뜨리지 않고 들으며 강의 내용을 메모할 수 있었고 파워포인트 등의 자료를 가까운 거리에서 확실하게 볼 수 있었습니다.

또한 리포트를 작성할 때도 남들과 다르게 하기 위해 노력했습니다. 더 많은 자료를 찾아보면서 남들보다 더욱 충실하게끔 내용을 구성했습니다. 그뿐만 아니라 리포트를 제출할 때는 표지에도 많은 신경을 썼습니다. 내용도 중요하지만 시각적인 요소도 중요하기 때문에 다양한 색상을 활용해 표지를 아름답게 꾸몄습니다.

시험기간에는 특히 도서관 자리를 잡는 것이 중요했습니다. 조금 늦으면 자리가 없기 때문에 6시에 집을 나와 도서관이 문을 열자마자 입장해서 자리를 잡았습니다. "일찍 일어나는 새가 벌레를 많이 잡아먹는다"는 속담이 있듯이 남들보다 부지런해야 도서관 자리도 잡을 수 있습니다. 그리고 항상 지하철 막차 시간을 알아두고 그에 맞추어 최대한 늦게까지 도서관에서 공부를 했습니다.

한밤중 도서관을 나서서 어두운 캠퍼스를 걸어 나갈 때는 만족감에서 오는 뿌듯한 감정이 들곤 했습니다. 이러한 노력으로 거의 모든 과목에서 A라는 좋은 점수를 받을 수 있었고 대부분 학기에 장학금을 받

았습니다. 이렇게 열심히 노력하고 최선을 다하면 무엇이든 좋은 결과
로 연결된다는 것을 터득했습니다.

   좋은 학점을 따기 위해 노력한 과정을 상세하게 기술하고 있다. 수업에 임하는 태도, 리포트 작성, 도서관 이야기 등이 등장한다. 하지만 이는 학생이라면 누구나 해야 하는 기본자세다. 그것을 얼마나 열심히 잘 했는지는 학점이 말해 준다. 굳이 구구절절이 설명할 필요가 없다. 학점이 좋다면 이러한 과정은 이야기하지 않아도 이미 짐작이 가능한 부분이다. 가급적 소재를 바꾸는 것이 바람직하다.

04 헉, 다른 회사 이름이 나오다니

여기저기 지원하다 보니 타회사 이름 나오는 경우 있어
닥치는 대로 원서 내는 취업꾼처럼 보여 '완전 비호감'

취업이 어렵다 보니 어느 한 군데만 집중해 원서를 내지 못하고 여기저기 서류를 제출하게 된다. 그러다 보니 헷갈려서 지원하는 기업체와 다른 회사 이름이 나오는 경우가 종종 발생한다. 취업 시즌에 여러 회사가 거의 동시에 모집을 하다 보니 이런 현상이 나올 확률이 더욱 높아진다. 인사담당자들이 한결같이 하는 이야기가 다른 회사 이름이 나오는 경우가 종종 있으며 이러한 자소서가 가장 '비호감'이라고 한다.

여러 군데 자소서를 내다 보니 견본으로 만들어 놓은 것을 그 회사에 맞게 조금씩 수정해 제출하는 과정에서 이런 실수가 나오기도 한다. 단순한 실수이겠지만 평가하는 인사담당자 입장에서는 닥치는 대로 원서를 내는 취업꾼으로 보일 수도 있고 집중력이 없어 보이기도 하므로 읽고 싶은 마음이 뚝 떨어진다고 한다. 여러 군데 원서를 접수할 때는 집중력을 발휘해 다른 회사 이름이 들어가지 않도록 특히 주의해야 한다.

05 물 반 군더더기 반

— 없어도 되는 얘기를 주절주절 늘어놓는 경우 많아
군더더기가 없도록 핵심을 담아 간결하게 작성해야

좋은 글은 군더더기가 없다. 글을 잘 쓰느냐 못 쓰느냐는 군더더기가 있느냐 없느냐에 달려 있다고 해도 과언이 아니다. 글을 못 쓰는 사람의 특징이 군더더기가 많다는 것이다. 어떤 사람의 자소서를 보면 3분의 1은 없어야 하는 말이고, 3분의 1은 없어도 되는 말이고, 진짜 필요한 말은 3분의 1밖에 되지 않는다. 글은 입으로 하는 말과 달라 완전하고 체계적이어야 하기 때문에 군더더기가 있으면 안 된다.

자기소개서는 꼭 필요한 내용만 가지고 간결하게 작성해야 한다. 학생들이 일목요연하게 핵심을 전달하는 능력이 부족하다 보니 없어도 되는 이야기를 주절주절 늘어놓는 경우가 적지 않다. 수많은 지원자의 자소서를 읽어봐야 하는 인사담당자로서는 그 말이 그 말 같은 이야기가 자꾸 나오고 하나 마나한 이야기가 이어진다면 더 이상 읽어볼 필요성을 느끼지 못한다. 따라서 꼭 필요한 말만 하고 없어도 무방한 부분은 과감하게 삭제해야 한다.

특히 쓰는 양이 정해지지 않은 경우 많이 쓴다고 좋은 것이 아니다. 쓰는 사람 입장으로서는 일단 양이 많아야 풍성해 보이고 이야기를 하다 보면 어느 것인가 인사담당자의 마음에 드는 부분이 있지 않을까 길게 작성하기 십상이다. 하지만 그리 중요하지도 않은 이야기를 주절주절 늘어놓은 것을 다 읽는다는 것은 고통스러운 일이다. 따라서 양이 정해지지 않은 경우에도 군더더기가 나오지 않도록 핵심을 담아 가급적 간결하게 작성해야 한다.

 군더더기가 없게 하려면 다 쓴 다음에 시간이 나는 대로 반복해서 읽어보면서 없어도 되는 부분을 삭제해 나가야 한다. 무엇보다 내용이 중복되는 것을 제거해야 한다. 그냥 두면 한 말을 또 하는 것이 되므로 지루해진다. 전체적인 흐름상 꼭 필요하지 않은 말도 없애야 한다. 또한 전달하고자 하는 바를 뒷받침하는 말로서 그리 역할을 하지 못하는 부분을 제거해야 한다. 형용사·부사어 등 수식하는 말도 꼭 필요한 것이 아니면 삭제해야 한다. 물 반 군더더기 반이 돼서는 안 된다.

06 오탈자를 흘리고 다니는구만

**여기저기 오탈자 나오면 내용 훌륭해도 좋게 보이지 않아
시간 나는 대로 반복해 읽어보면서 수정하는 과정 거쳐야**

일을 하면서 무언가 중요한 사항을 자꾸 빠뜨리는 사람이 있다. 또 지갑이나 핸드폰 등 중요한 물건을 잘 잃어버리는 사람도 있다. 이런 사람에게 "뭘 자꾸 흘리고 다니느냐"며 핀잔을 주곤 한다. 이런 사람은 집중력이 없어 보이고 어딘지 허술해 보인다. 글에서도 마찬가지다. 오탈자가 많으면 아무리 내용이 훌륭해도 좋게 보이지 않는다. 꼼꼼하지 못해 항상 무언가 흘리고 다닌다는 인상을 주기 때문이다.

자소서에서도 이처럼 흘리고 다니는 사람이 적지 않다. 내용에 집중하다 보니 여기저기 오탈자가 눈에 띈다. 잘못된 단어나 문맥에 맞지 않는 어휘가 등장기도 한다. 또 문법에 맞지 않거나 이치에 맞지 않는 문장, 즉 비문(非文)이 나오는 경우도 적지 않다. 이런 사람은 집중력이 부족하거나 꼼꼼하지 못하다는 인상을 주기 때문에 합격하기 어렵다.

내용에 신경 쓰다 보면 여기저기 비문이나 오탈자가 나오게 마련이다. 다 작성한 다음에는 시간이 나는 대로 몇 번이고 반복해 읽어보면서 이런 것이 있는지 살펴보고 수정하는 과정을 거쳐야 한다. 아무리 읽어봐도 본인의 눈에는 잘 띄지 않는 경우가 있으므로 남에게 한번 읽어봐 달라고 부탁하면 좋다.

07 멋진 말은 빈약과 부족의 증거

─── 유식하거나 품위 있게 작성하고 싶은 게 사람 심리
억지로 멋진 말을 끌어들이다 보면 어설프게 느껴져

학생들의 자소서를 읽어보면 멋진 말을 찾아서 적거나 만들어 냄으로써 무언가 유식하거나 품위 있게 작성하고자 노력한 흔적이 자주 보인다. 물론 멋진 말이 나오면 좋기야 하겠지만 이러한 자소서를 보면 대체로 내용이 빈약하기 마련이다. 좋은 소재와 설득력 있는 스토리가 있으면 그것만 가지고도 충분히 어필할 수 있겠지만 무언가 부족하다 싶은 생각에 멋진 말을 끌어들이고 싶은 게 사람의 심리다.

인터넷에는 자소서를 쓸 때 사용하기 좋은 명언이나 고사성어를 올려놓은 곳도 있는데 전체적인 흐름에 자연스러운 것이라면 몰라도 억지로 이런 것을 갖다 붙여 멋있게 보이려고 할 필요는 없다. 먼저 이런 것을 찾아보고 활용하려 하다 보면 작위적인 느낌이 나기 때문에 어설퍼 보이기도 한다. 또한 이런 것에 얽매이면서 억지로 끌어들이다 보면 오히려 이야기 전개에 방해가 될 수도 있다.

다음 사례들을 보자.

1) 선인장 같은 끈기와 학습력
척박한 모래바람을 이겨내는 끈기, 완전히 새로운 환경에서도 금방 적응

하는 빠른 학습력. 저는 이처럼 가시 없는 선인장 같은 사람입니다. 제가 일을 해내는 데 있어 가장 큰 도움이 되는 점은 바로 이 두 가지입니다.

2) 수심이 깊을수록 수온은 쉽게 변하지 않는다
스무 살 이후 다양한 경험을 통해 가장 크게 남는 키워드가 있다면 '깊이'입니다. 인간관계든 공부든 어떤 활동이든 한 발 더 깊이 들어갔을 때에 쉽게 잃지 않는 더 값진 것들을 얻을 수 있었기 때문입니다. 수심이 깊을수록 수온은 쉽게 변하지 않습니다.

3) 우연히 보게 된 이문열의 《젊은 날의 초상》에서 "너는 말이다. 한번쯤 그 긴 혀를 뽑힐 날이 있을 것이다. 언제나 번지르르하게 늘어놓고 그 실천은 엉망이다. 오늘도 너는 열 시간의 계획을 세워놓고 겨우 두 시간 분을 채우는 데 그쳤다"는 시를 읽고 노력 대신 운이나 요행으로 목표를 달성하려고 했던 저를 반성하였습니다.

4) 노인과 바다
물고기가 잡히지 않아도, 상어의 습격 앞에서도 절대 멈추지 않았던 노인의 끈기와 도전정신이 제가 지향하는 바를 잘 나타내주고 있습니다. 대학교 1학년 때 저는 CNM 민원센터에서 파트타이머로 근무하였습니다. 지속적으로 민원이 증가했지만 우수상담원 모니터링과 자기개선을 통해 1년 후 최소 컴플레인 상담원으로 선정되었습니다.

1)은 '선인장 같은 끈기'라는 비유적 표현으로 자신을 나타내고

있다. 물론 이렇게 제목을 달고 시작하는 것도 하나의 좋은 방법이 될 수 있다. 그러나 대체적으로 이렇게 멋있는 비유를 내세우다 보니 그 아래 실제적인 설명에서는 그것을 다 충족시키지 못하는 경우가 허다하다. 여기에서도 자신이 내세운 말을 뒷받침할 수 있는 경험이나 사례를 제시하지 못하고 말 자체에만 의존하고 있다.

2) 역시 '수심이 깊을수록 수온은 쉽게 변하지 않는다'는 제목을 달고 글을 시작하고 있다. 그러나 자신의 얘기를 구체적으로 전개하지 못하고 그 말을 단순히 부연 설명하고 있을 뿐이다. "스무 살 이후 다양한 경험을 통해 가장 크게 남는 키워드가 '깊이'"라고 했지만 그 근거가 막연히 다양한 경험이라고 해서는 신뢰를 줄 수 없다.

3)은 이문열의 《젊은 날의 초상》의 일부분을 길게 옮겨 놓았다. 물론 자신이 하고자 하는 이야기를 뒷받침해줄 수 있는 문학작품의 내용을 옮겨놓은 것 자체는 좋게 볼 수도 있지만 이렇게 길게 늘어놓으면 자신의 이야기보다는 남의 이야기나 권위에 기대는 듯한 인상을 줄 수 있다.

4)는 강하게 어필하기 위해 헤밍웨이의 작품 《노인과 바다》 이야기에 자신을 비유하면서 시작했다. 노인의 끈기와 도전정신을 내세웠다면 그에 비견할 만한 자신의 경험이 이어지는 것이 자연스러우나 그에 미치지 못함으로써 어설픈 느낌을 준다. 물론 파트타이머로 근무할 당시 최소 컴플레인 상담원으로 선정됐다고 하지만 《노인과 바다》 이야기에 비견하면 너무나 격이 낮다. 앞에서 제시한 화두를 만족시키려면 그에 합당하게 자신이 도전정신과 끈기를 발휘한 사례를 더욱 구체적으로 묘사해야 한다.

08 영어와 한자를 이렇게 남용하다니

──── 영어와 한자는 꼭 필요한 경우에만 사용해야
한글 다음에 괄호 안에 넣는 것이 표기 원칙

자소서를 쓰면서 영어를 남용하는 사람이 있다. 영어를 사용하면 무언가 유식해 보일 것이라는 심리에서 이렇게 하는 것이 아닌가 생각된다. 무심코 영어를 사용했을 수도 있지만 어딘지 어설프게 느껴지고 거부감을 줄 수 있다. 영어나 외래어는 꼭 필요한 경우에만 사용해야지 남용해서는 안 된다. 만약 영어를 꼭 써야 한다면 한글 다음 괄호 안에 집어넣는 것이 표기 방식이다.

다음 사례를 보자.

CJ푸드빌은 global 감각을 갖추고 해외 시장 분석에 강한 인재가 필요합니다. global 인재의 역량은 언어 소통 능력뿐 아니라 그 문화를 직접 경험하며 이해하는 mind입니다. 제가 처음 연수를 다녀온 곳은 캐나다 밴쿠버에 있는 Royal Roads University였습니다. 이곳에서 homestay 활동을 한 경험은 외국인들과 대화하는 것에 대한 자신감을 키워 주었습니다.

global, mind, Royal Roads University, homestay 등의 영어가 나온다. 모두가 한글로 표기해도 이해에 아무 지장이 없는 부분이다.

굳이 영어를 사용한 이유를 알기 어렵다. 그냥 한글로만 표기하거나 굳이 영어가 필요하다면 '글로벌(global)'처럼 한글 표기 다음에 괄호 안에 넣어야 한다. 이렇게 영어를 남용한다면 인사담당자는 거부감을 느끼기 십상이다.

한자도 마찬가지다. 가급적 쉬운 말을 사용해야지 굳이 어려운 한자어를 사용할 필요가 없다. 어려운 한자어를 사용하면 무언가 글이 무게 있어 보인다고 생각할지 모르지만 글이 딱딱하게 느껴지므로 피하는 것이 좋다. 특히 한자를 사용하려면 영어와 마찬가지로 우리말을 적고 괄호 안에 넣는 것이 원칙이다. 고사성어 등도 한글을 먼저 적고 괄호 안에 넣어야 한다.

> 저는 '有備無患'과 '盡人事待天命'을 제 좌우명으로 삼고 있습니다. 저는 은행권 취업을 목표로 경제신문을 꾸준히 구독하며 관련 지식을 습득했습니다. 또한 학교에서 금융 연구 동아리를 만들어 그룹스터디를 했습니다. 지난 3월에는 세계경제의 흐름을 파악하고 금융공부를 하기 위해 미래에셋에서 주관하는 국제금융전문가 과정을 수료했습니다. 이를 통해 최근 국제금융시장의 이슈 등에 대해 구체적으로 배울 수 있었습니다. 이처럼 '有備無患'의 노력과 '盡人事待天命'의 자세로 앞으로 은행에 들어가 최선을 다하면서 좋은 결과를 이끌어낼 것입니다.

'有備無患'과 '盡人事待天命'을 좌우명으로 삼고 있다고 밝히면서 자신의 노력을 서술하고 있다. 만약 이처럼 한자성어를 사용하는 경우 한글로 먼저 적고 괄호 안에 한자를 넣어야 한다. 즉 '유비무환(有備無患)'과 '진인사대천명(盡人事待天命)' 형태로 만들어야 한다. 그리고 다음에 나올 때는 그냥 한글로 '유비무환'과 '진인사대천명'이라고 적으면 된다. 한자를 남용함으로써 불필요하게 글이 무겁고 딱딱해 보인다.

09 '아녀세여!'라니 여기가 무슨 SNS인가

----- 자신만의 개성과 문체로 차별성 있게 다가갈 필요 있어
그렇다고 신세대 용어나 지나친 줄임말 쓰는 것은 곤란

자소서에서는 자신의 개성이 드러나야 하고 자신만의 문체로 차별성 있게 다가갈 필요가 있다. 그러다 보면 톡톡 튀는 신세대의 재치와 발랄함을 보여 주는 것도 하나의 방법이 될 수 있다. 하지만 그렇다고 '아녀세요' '방가방가' '빠이루' 같은 인터넷 용어나 카톡 등 문자메시지에서 사용하는 지나친 줄임말을 사용해서는 곤란하다. 실제로 한 대기업 자소서에서 '아녀세요'라는 표현이 나와 언론에 보도된 적이 있다.

저자도 이 이야기를 듣고 신문에 연재하는 '우리말 바루기'를 통해 "이런 식이면 '아녀세여. 방가방가~ 꾸벅'으로 시작해 '난중에 봐~ 빠이루'로 끝맺는 자기소개서가 나오지 말란 법이 없다. 그렇다면 합격 통지서에는 '어솨요. 추카 추카! 낼 버자'로 적어야 한다"는 내용의 글을 게재한 적이 있다. 물론 자소서에서 이처럼 신세대 인터넷 용어를 마구 쓸 사람은 없지만 실제 사례가 있으니 혹여나 이런 말이 나오지 않도록 주의해야 한다.

10 '귀사'는 무슨 귀신 잡는 회사인가

— '귀사'는 한물간 용어로 무겁고 차가운 느낌
'삼성' 'LG' 등 그 회사 이름 직접 부르면 돼

전통적으로 남의 회사를 높여 부르는 말은 귀사(貴社)다. 아직까지도 공문서 등에서는 '귀사'라는 용어를 사용한다. 귀사에 상대되는 말은 폐사(弊社)다. 말하는 사람이 자기 회사를 낮추어 부를 때 '폐사'라고 한다. 그러나 이러한 용어를 보면 슬그머니 웃음이 나온다. '귀사'는 무슨 귀신 잡는 회사이고, '폐사'는 무슨 망한 회사인가 하는 생각에서다.

이들 용어는 어려운 한자어로 옛날에나 쓰던 말이지 지금 시대에는 어울리지 않는다. 굳이 이렇게 표현하지 않아도 달리 부를 방법이 있기 때문이다. '귀사'의 경우 회사 이름을 직접 부르면 되고 '폐사'의 경우 '저희 회사'라고 해도 되기 때문이다. 하지만 '귀사'라는 말이 아직도 명맥을 유지하고 있기 때문에 자기소개서에 종종 등장한다. 인터넷에도 보면 자소서 사례에 '귀사'라고 쓰인 것이 적잖이 나온다.

그러나 '귀사'라는 말은 여러 가지 측면에서 자소서에서 쓰지 않는 것이 바람직하다. 우선 '귀사'라는 표현이 나오면 무슨 공문서나 계약서를 대하듯 딱딱하고 무거운 기분이 든다. 또한 이 표현에서는 지극히 제3자로서의 느낌이 차갑게 전해진다. 한마디로 영혼 없는 표현이다. 회사와 내가 찰떡궁합이라는 것을 보여줘야 하는 마당에 '귀사'란 말은 어딘지 거리감을 느끼게 한다. 인사담당자의 입장에서 '귀사'라는 표현을 보면 어디에선가 예전의 사례집에서 복사해다 붙여 놓은 것 같은 느낌이 들기도 한다.

이래저래 '귀사'라는 표현은 그리 좋게 다가오지 않는다. 한물간 구시대 용어라고 생각하면 된다. 그 회사의 일원이 되고자 하는 사람이라면 그 회사의 이름을 직접적으로 언급하는 것이 바람직하다. '귀사' 대신 '삼성'이나 'LG' 등으로 직접 회사 이름을 부르는 것이다. 이렇게 하는 것이 훨씬 더 자연스럽고 장차 소속감이나 주인의식 같은 것으로 이어지리라는 예감으로 다가온다.

1) ㉠귀사는 유통업의 본질을 가장 잘 실현하고 있는 곳입니다. 고객들의 생활필수품들을 합리적으로 제공하는 것은 물론 드라이빙 앤 픽과 같은 고객 편의 서비스와 함께 마일리지제도 같은 중소업체 지원 방안으로 상생경영을 위해 앞장서고 있습니다. ㉡귀사에 입사 후 저는 고객 중심, 상생 중심의 정신으로 ㉢귀사가 인류의 풍요로운 삶에 기여할 수 있도록 끊임없이 도전하는 사람이 되겠습니다.

2) ㉣귀사의 수입·내수 직무도 시장을 분석하고 수입 및 판매 계획을 수립한다는 점에서 이것과 크게 다르지 않다고 생각합니다. 분석을 통해 느꼈던 점은 다양한 변수를 고려해 명확한 계획을 수립했을 때 훨씬 더 나은 결과가 기다리고 있다는 것입니다. SNS 마케팅 분석을 통해 얻어낸 꼼꼼함과 저만의 분석력으로 ㉤귀사의 수입·내수 전문가가 되겠습니다.

1), 2)는 각각 다른 자소서인데 모두 '귀사'라는 용어를 사용하고 있다. 공문서를 보는 듯 어딘지 무겁고 딱딱하게 느껴진다. '귀사'라는 표현이 없어도 말이 잘 통하는 경우가 많으므로 없어도 말이 되면 빼야 한다. 꼭 있어야 하는 경우는 직접적으로 그 회사 이름을 언급하면 된다. 1)은 롯데마트에 지원하는 자소서이므로 ㉠의 경우 '롯데마트'라고 하면 되고 ㉡은 필요 없으므로 없애 버리면 된다. ㉢은 다시 롯데마트라고 하면 된다. 2)의 ㉣ 역시 없어도 무방하므로 빼면 되고 ㉤은 회사 이름을 직접 언급하면 된다.

11 시켜주면 다하다니 배알도 없나

─── 회사는 직무를 잘 수행해낼 수 있는 사람 원해
'무엇이든 하겠다'는 식의 막무가내 서술은 금물

　　　　기업은 꼭 필요한 인재를 원한다. 회사의 인재상에 맞고 맡은 바 직무를 잘 수행해낼 수 있는 사람을 뽑고자 한다. 지원자가 아무리 들어가고자 하는 의지가 강하더라도 이러한 요건을 충족하지 못하면 선택될 수 없다. 따라서 '시켜주면 무엇이든지 하겠다' '뽑아준다면 내 모든 것을 바치겠다'는 식의 서술은 바람직하지 않다. 이러한 말을 진심으로 믿을 인사담당자는 없다.

　열심히 하겠다는 의지를 보여주는 것은 좋지만 이것보다 자신이 회사에 적합한 인물이라는 것을 스스로 증명해야 한다. 자신이 어떠한 능력을 가지고 어떤 분야에서 어떠한 기여를 할 수 있을지 구체적인 사례를 들어가면서 설득해야 한다. 막무가내 식으로 '무엇이든 하겠다' '모든 것을 바치겠다'고 하는 것은 그만큼 능력이나 콘텐츠가 빈약하다는 것을 스스로 드러내는 일이다.

　또한 요즘 기업이 원하는 인재는 자신의 능력을 최대한 발휘하면서 존재감을 드러내고 당당하게 대우받고자 하는 사람이다. 무턱대고 자신을 낮춘다고 좋은 인상을 주는 것이 아니다. 지나치면 비굴해 보일 수도 있다. 원하는 연봉을 적으라고 하는 경우도 마찬가지다. 일단 들어가고 보자는 심산으로 너무 낮게 적는 것은 금물이다. 노력과 기여에 합당한 합리적인 수준을 제시해야 한다.

제 5 장

학생들의 자소서 사례 및 분석

01 지원동기 및 포부

―――― 지원동기는 구체적으로 밝히고 포부는 수치로 언급해야

📋 지원동기를 구체적으로 기술해 주세요.

🔹 **꿈꾸던 소년, 롯데 장학생이 되다.**

1) 어린 시절 운수업에 종사하시던 아버지의 일을 돕기 위해 경기도 신갈에 있는 롯데 물류센터를 방문한 적이 있습니다. 전남 여수시에서 생선을 싣고 다섯 시간을 달려 도착한 시간은 새벽 두시 경이었습니다. 모두가 불을 끄고 잠을 청할 시간에 롯데 물류센터에는 전국 각지에서 다양한 물건을 싣고 달려온 트럭들로 활기가 넘쳤습니다. 서울의 가정집에서 다른 지역의 특산물을 접할 수 있게 하는 유통의 매력에 푹 빠졌습니다.

2) '유통업에 종사하고 싶다'라는 막연한 꿈을 갖고 경영학과에 진학하여 관련 전공지식을 쌓았습니다. 군 전역 후 롯데 장학생으로 선발되었고, 힘들었던 시절 롯데의 도움은 제 인생의 큰 전환점이 되었습니다. 수많은 기업 중 제가 롯데에 지원하게 된 이유도 바로 여기에 있습니다. 롯데에서 받은 사랑을 수많은 고객들에게 나누어 줄 수 있는 기회를 잡고 싶습니다.

제목은 본문의 핵심 내용을 담아야 한다. 행위와 결과 또는 의지가 함께 나오는 것이 좋다. 🔹'꿈꾸던 소년, 롯데 장학생이 되다'

는 롯데장학생이 됐다는 사실만 전달할 뿐 특별한 의미를 부여하지 않고 있다. 지원동기에 맞게 자신의 의지를 반영해 '롯데 장학생, 유통의 선구자 롯데에 보답하고 싶어'라고 한다면 훨씬 낫다. 본문의 내용도 이러한 취지로 서술돼 있다.

1)은 일이 진행되는 순서대로 서술하다 보니 단조로운 느낌이 든다. 좀 더 생생하게 묘사할 필요가 있다. 펄떡거리는 생선을 내리는 모습을 먼저 생생하게 묘사하면서 시작하면 훨씬 관심을 끌고 집중도를 높일 수 있다. 그리고 물류와 유통의 매력에 푹 빠졌다고 되어 있는데 그 매력이 무엇인지 구체적으로 의미를 부여해야 한다. 예를 들면 '물류나 유통은 산업의 핏줄'이라는 언급이 좋겠다. 산업의 핏줄이 제 역할을 하지 못하면 경제가 제 기능을 할 수 없으며, 이러한 경험을 통해 물류와 유통이 산업에서 너무나 중요하다는 것을 깨달았다고 하면 훨씬 낫다. 그래서 '내가 여기에 종사하면서 산업의 핏줄이 더욱 잘 굴러가도록 하고 싶다'는 등 의미를 부여하며 나와 연결시키면 경쟁력 있는 자소서가 될 수 있다.

2)에서 '힘들었던 시절 롯데의 도움은 제 인생의 큰 전환점이 되었습니다'는 언급이 있는데 여기에서는 힘들었던 상황을 구체적으로 묘사해야 롯데의 도움이 더욱 큰 의미로 다가온다. 무엇 때문에 얼마나 힘들었는데 어떻게 도움이 됐는지를 좀 더 생생하게 서술하면서 평가자의 감성을 자극해야 한다. '수많은 기업 중 제가 롯데에 지원하게 된 이유도 바로 여기에 있습니다. 롯데에서 받은 사랑을 수많은 고객들에게 나누어 줄 수 있는 기회를 잡고 싶습니다'는 부분은 좀 더 구체적이거나 손에 잡히는 표현으로 바꾸어야 한다.

예를 들면 '롯데의 고마움에 보답하고 롯데가 어려운 학생들을 위해 더 많은 장학 사업을 계속 이어갈 수 있도록 하고 싶어서' 등의 언급을 한다면 인사담당자의 마음에 바짝 다가갈 수 있다.

지원동기 및 입사 후 포부를 밝히시오.

최고의 인재로 인해 성장하는 글로벌 리딩 그룹, 한전 KSP

1) 신문, 인터넷 등에서 에너지와 관련된 내용을 많이 접하며 자연스럽게 한전 KPS에 관심을 갖게 되었습니다. 이미 O&M에 관한 한 세계 최고 수준인 한전 KPS가 최근 남아공에서 해외 4번째 지사를 오픈하였다는 기사를 읽었습니다. 전 세계적으로 경기가 침체된 중에도 해외사업을 30% 늘리는 등 우수한 실적을 기록한 KPS는 앞으로도 기술과 가격경쟁력을 기반으로 글로벌 기업으로 자리매김할 것이라는 확신이 들었습니다.

이 같은 결과를 이끌어 낼 수 있었던 가장 큰 이유는 한전 KPS의 뛰어난 기술력과 경영능력을 갖춘 우수한 인력이라고 생각합니다. 저는 한국 KSP의 직원들이 애사심을 갖고 자기 발전과 회사 발전을 함께 도모하며 계속 성장해나갈 수 있도록 그들을 서포트하는 역할을 하고 싶습니다. 또한 조직에 대한 폭넓은 이해와 다양한 업무경험을 통해 회사에 기여할 수 있는 종합관리자로 성장하고 싶습니다.

2) 한전 KPS에 입사하게 된다면 첫째, 한전 KPS의 주인의식을 가지고 고객을 대하겠습니다. 외부고객뿐만 아니라 내부고객에게도 늘 낮은 자세로 니즈를 살피겠습니다.

둘째, 영어, 중국어 공부 등 업무에 필요한 역량을 키우기 위한 자기계발을 소홀히 하지 않겠습니다. 주어진 업무에 국한되지 않고 다양한 분야에 배움의 자세로 임해 한전 KPS에 꼭 필요한 일원이 되겠습니다.

셋째, 변치 않는 성실한 모습을 유지하겠습니다. 특히 시간약속을 잘 지키고 책임감 있게 업무를 수행하겠습니다.

❶에서 지원동기의 제목은 '최고의 인재로 인해 성장하는 글로벌 리딩 그룹, 한전 KSP'보다는 여기에 들어가 어떻게 하겠다는 의지를 보여주는 내용이 더 바람직하다.

1)에서 나름대로 한전 KPS에 대해 연구하고 그에 맞춰 동기와 포부를 서술한 것은 그런대로 괜찮다. 항상 홈페이지나 신문기사를 조회해 그 회사에 대해 충분히 연구한 뒤 그에 맞게 서술하는 것이 바람직하다.

2)에서는 포부가 너무나 막연하다. 주인의식 등 누구나 얘기할 수 있는 범위를 벗어나지 못한다. 5년, 10년 등을 전제로 어느 분야에서 무엇을 어떻게 해서 어떤 성과를 이루어 낼지를 구체적으로 밝혀야 한다. 예를 들면 해외 어느 지역, 어느 분야에서 현재 상태가 어떠한데 내가 어떻게 해가지고 어떤 결과를 이루어 내겠다는 것을 수치를 들어가면서 구체적으로 제시해야 한다.

이 부분에서 나의 의지를 구체적으로 보여주지 못하면 경쟁력 없는 자소서가 되기 십상이다. 나의 의지를 보여 주는 부분에서 현실적으로 실현 가능성이 있느냐는 크게 중요하지 않다. 나의 도전정신과 적극적인 태도, 문제 해결 의지 등을 충분히 보여주면 좋은 인상을 줄 수 있다. 첫째, 둘째, 셋째로 구분한 항목도 어설프다. 이것 없이 자연스럽게 처리하는 것이 바람직하다. 전체적으로 보았을 때 경쟁력 있는 자소서가 되려면 좀 더 보충해야 할 부분이 많다.

> 많은 직장 중에서 항공사를 선택하게 된 이유와 특히 대한항공에 지원하게 된 동기 및 입사 후 포부에 대해 구체적으로 기술하시오. (600자 이내)

1) 어린 시절부터 비행기를 좋아해서 모형비행기를 만들어 날리곤 했고 고향(김해)에 김해공항이 있어 가까이서 간접적으로 보고 자라왔다. 세상에 여러 가지 분야가 있지만 중력을 거스르고 하늘을 나는 일은 다른 인간의 한계를 넘어보는 일이라는 생각에 항공사에 대해 동경을 하고 있었다. 고등학교 때부터 항공사에 대한 구체적인 비전을 가졌고 대학도 항공특성화대학으로 진학했다.

2) 고향의 친구 부모님들 가운데 이 항공사에 다니시는 분들이 계셔서 그분들에게서 많은 것을 들으며 좋은 인상을 가지고 있었다. 특히 대한민국을 대표하는 항공사로서 기술과 서비스 모든 분야에 대해 대한민국에서 가장 최고라는 것을 알고 있다. 이에 여러 항공사가 있지만 가장 선진화된 항공사에서 내 능력을 펼쳐 보이고 싶은 마음이 들었다.

3) 항공사에 입사해서 나는 한국의 항공 산업이 항공분야 선진국을 따라가는 것이 아니라 리드하고 있다는 것을 보여주고자 한다. 짧은 기간 동안 한국의 항공 산업은 눈부시게 발전하였고 더욱더 눈부시게 발전할 것이라고 확신한다. 이를 세계에 보여주려는 것이다.

전체적으로 글의 전개가 너무나 평이해 힘 있게 다가오지 않는다. 주제가 될 만한 내용의 문장을 가장 앞에 내세우는 것이 좋은 대안이 될 수 있다. 모형비행기를 날리는 장면을 묘사하면서 그때의 특이한 모습이나 느낌, 감동 등을 글머리에 표현하는 식으로 서술하면 훨씬 나을 것이라 생각된다. 무엇보다 평가자의 시선을 확 끌 수 있다는 장점이 있다.

1)에서 비행기를 좋아해 모형비행기를 만들어 날렸으며, 공항 근처에 살면서 늘 비행기를 보면서 자라왔고, 중력을 거슬러 하늘을 나는 것은 인간 한계를 넘는 일이라는 생각에 항공사를 동경하게 됐다고 밝히고 있다. 많은 직장 중에서 항공사를 선택한 이유에 대한 답변인데 다소 부족한 느낌이 든다. 이것보다는 항공 산업의 특징이나 중요성을 구체적으로 언급하면서 나의 이야기와 연결시키는 것이 낫지 않을까 싶다. 나와 항공사의 특별하고 색다른 인연을 내세우는 것도 괜찮겠다.

2)가 특히 문제다. 대한항공이 모든 분야에서 대한민국 최고이기 때문에 여기에서 내 능력을 펼치고 싶은 생각이 들었다고 지원동기를 밝히고 있다. 그러나 이는 지원동기로 약하다. 인재상이나 직무 등 대한항공의 어떤 부분과 내가 잘 맞기 때문에 지원하게 됐다는 것을 범위를 좁혀 구체적으로 서술해야 한다. 이렇게 포괄적으로 막연하게 언급해서는 경쟁력이 없다. 대한항공이 최고라고 언급하려면 간략하게나마 그와 관련한 수치를 제시하면서 이야기를 해야 하고, 내 능력을 펼치고 싶다면 무슨 능력을 어떻게 펼칠지 구

체적으로 적어야 한다.

  3)의 포부 역시 지나치게 추상적이고 막연하다. '한국의 항공 산업이 항공분야를 리드하고 있다는 것을 세계에 보여주는 것이다'고 밝히고 있는데 하나 마나한 얘기다. 포부는 어느 분야에서 무엇을 어떻게 해서 어떤 성과를 내고 어떠한 사람이 돼 있을지, 그리고 그 뒤에는 또 무엇을 할 것인지 더욱 구체적으로 자세하게 적어야 한다. 5년이나 10년 뒤를 가정하는 것이 바람직하다. 대한항공 홈페이지에 들어가거나 신문기사를 조회해 보면 요즘 이 회사에서 추진하고 있는 것과 중요하게 여기는 사업들이 나와 있다. 그런 내용들을 자신의 포부와 연관시켜 어떤 식으로 기여할 것인지 분명하게 내용을 밝혀야 한다. 가급적 분야를 좁혀 수치를 제시하는 것이 좋다.

> 입사 후 10년간 회사생활 시나리오와 그것을 추구하는 이유를 기술해 주세요.

● **Food Concierge Zone을 통한 식문화 커뮤니티 조성**
백화점을 다니면서 가장 아쉬웠던 점은 고급수입식품, 하이앤드식품을 판매하지만 소비자들이 막상 식품의 조리법, 영양소 등 정보가 없어 그 가치가 온전히 전달되지 못한다는 것이었습니다.
  문제의 해결방안을 생각하던 도중, 도쿄 미츠코시백화점 지하에 있는 쥬얼리 컨시어지를 보며 고객의 조건에 맞는 영양사의 메뉴제안, 선물제안을 하는 'Food Concierge zone'을 고안하게 되었습니다. 그럴

게 된다면 정해진 상품을 판매하는 협력사원보다 폭넓은 식품 제안이 가능하며, 사원들을 찾아다니는 것보다 더 편하게 정보를 얻을 수 있다는 장점이 있습니다. 또한 적은 수의 전문 사원만 양성하면 되기 때문에 운영하기 쉬워지며, 식품에 대한 지식과 정보를 전달하는 '식문화 커뮤니티'가 조성될 수 있습니다.

제가 롯데백화점에 입사하게 된다면, Food Concierge 공간을 만들어 식문화 커뮤니티를 조성하도록 하겠습니다.

㉠에서 'Food Concierge Zone을 통한 식문화 커뮤니티 조성'이라는 제목은 본문의 핵심을 담은 것으로 괜찮아 보인다. 다만 업계에서 널리 쓰이는 말이어서 평가자가 이해할 수 있는 용어라면 제목에서는 한글로 써도 무방하다. 본문에서는 한글 다음에 괄호 안에 넣는 것이 원칙이다.

질문은 결국 입사 후 포부인데 너무 단순한 측면이 있다. Food Concierge 공간을 만들어 식문화 커뮤니티를 조성하겠다는 것은 포부로서 약하다. 이것보다는 입사를 했다고 가정하고 10년간 자신이 어떤 위치에서 무엇을 어떻게 하고 무슨 방법으로 어떤 목표를 달성할 것인지 등을 서술해야 한다.

이때 업무나 분야는 반드시 범위를 좁혀 아주 구체적이어야 한다. 범위는 좁히면 좁힐수록 좋다. 본인이 지원하는 식품MD 분야 가운데서도 좀 더 파고 들어가 범위를 좁힌다면 더욱 구체적이고도 생생하게 서술함으로써 경쟁력을 확보할 수 있다.

📋 지원동기를 구체적으로 기술해 주세요. (500자)

㉠ 모든 니즈를 충족시켜주는 팔색조의 백화점

CIF라는 식품유통스터디를 하며 매주 백화점 탐방을 다녔는데, 그때 바라본 ○○백화점은 가격대, 고객연령별 모든 니즈를 '○○영플라자', '○○에비뉴엘' 등 전문화된 유통 업태로 분류해 관리하는 것이 차별화된 장점이라고 생각했습니다. 특히 ○○월드타워 내 입점하는 식품관을 기획하며 바라본 ○○백화점은 앞으로 다양한 ○○의 계열사를 한 공간에 담은 복합쇼핑몰로 유동적인 변화를 꾀하고 있으며, 이를 통해 입점 계열사 간 시너지 효과를 내 거점 지역의 랜드마크로서 성장할 것이라 생각했습니다.

또 식품관 내에서도 유기농식품 브랜드인 '올가', 이태리 유명 Grocerant인 'PECK' 등 세분화된 식품브랜드가 입점해 있었고, 카테고리별 전문브랜드로 이루어진 식품관을 보며 생활형 식품소비자를 넘어서 점차 성장하는 얼리테이스터 시장을 충족시켜줄 수 있는 '팔색조의 백화점'이라는 생각에 ㉡ <u>이에 동참하고 싶어 지원하게 되었습니다.</u>

㉠ '모든 니즈를 충족시켜주는 팔색조의 백화점'이라는 제목은 다소 부족하다. 만약 이렇게 제목을 단다면 '팔색조의 백화점'에서 내가 무얼 어떻게 하고 싶다는 행위나 목표 등이 포함돼야 한다. 즉 '팔색조의 백화점에서 ~하고 싶어' 형태가 되면 좋다.

㉡ '이에(팔색조의 백화점에) 동참하고 싶어' 지원하게 됐다는 것은 지원동기가 약하다. 자신이 직무 특성상 필요한 어떤 역량을 가지

고 있는지, 또 그 역량을 활용해 어떤 부분에서 어떻게 기여할 수 있는지 목표 등을 구체적으로 제시하면서 지원동기로 삼아야 한다. 지금은 백화점의 여러 가지를 나열했을 뿐 자신의 능력에 관한 것이 없다. 즉 자신과 기업의 톱니바퀴가 어떻게 잘 맞물릴 수 있을지가 언급돼 있지 않다.

자신이 관심을 가지고 연구한 내용을 구체적으로 언급하면서 그 백화점에 관한 애정을 보여주며 나름대로 지원동기를 밝히고 있는 것은 괜찮다. 그러나 전체적으로 설명조이고 나열조여서 지루하게 느껴지며 깊은 인상을 남기기도 힘들다. 첫 문장에서 핵심 키워드를 제시하면서 그것을 중심으로 이야기를 풀어 나가고 중장기적으로 어떤 계획으로 임할 것인지 포부를 구체적으로 서술하면서 지원동기를 밝히는 것이 바람직하다.

당사 입사 시 본인의 역할 및 장래(10년 후) 계획을 밝히시오.

리버풀 경기의 외국중계를 볼 때면 중계의 중요성을 새삼 느끼며 적재적소에 알맞은 어휘표현들, 관찰력, 순발력을 두루 ❶ 겸비하신 선배님들이 참 존경스러웠습니다.

입사하게 된다면, SBS Sports 중계의 클래스를 직접 경험하고 배워가면서 프로그램 진행과 인터뷰를 넘어서 깊이 있게 스포츠를 배워가고 싶습니다. 또한 축구에 대한 애정을 바탕으로 더 다양한 스포츠 분야로 역량을 발전시켜 장래에는 '진행자'이자 '스포츠 전문가'로서 당사에 기여하고 싶습니다.

장래 계획이 없는 것이나 마찬가지다. "축구에 대한 애정을 바탕으로 다양한 스포츠 분야로 역량을 발전시켜 장래에는 '진행자'이자 '스포츠 전문가'로서 당사에 기여하고 싶다"고 했는데 구체적인 내용이 없어 하나 마나한 얘기다. 진행자로서, 전문가로서 구체적으로 무엇을 어떻게 해서 목표를 이룰지 범위를 좁혀서 적어야 한다. 예를 들면 진행에 있어 어떻게 차별화해서 무엇을 새로이 만들어 갈지, 어떤 성과를 이룰지를 눈에 보이게끔 숫자나 결과물을 제시해 가면서 구체적으로 이야기하면 좋다.

🔴 '겸비하신 선배님들'은 지나친 존칭이다. 앞에 두고 직접 말하는 것이 아니라 객관적인 서술이므로 '겸비한 선배들'이라고 하는 것이 적절하다. 존칭이 지나치면 아부하는 듯한 인상을 준다.

📋 본인이 생각하는 한국조폐공사의 미래비전과 관련하여 지원동기를 기술하세요.

🔴 세계무대에서 활약하고 싶은 꿈을 조폐공사에서 이루겠습니다.

🔵 2014년 조폐공사는 비상경영체제를 선언한 뒤 적극적으로 신시장 개척에 나섰습니다. 외국의 화폐발권을 대행하고, 골드바 판매에 나서면서 '글로벌 기업'으로 재탄생했고, 이는 공사 창립 이래 최고 매출액인 4276억원을 달성하는 데 큰 공을 세웠습니다. 하지만 올해 세계시장은 만만치 않습니다. 유럽의 양적완화와 러시아 루블화의 폭락으로 글로벌 시장에서 경쟁이 더욱 치열할 것으로 예상됩니다.

저는 현재의 경쟁상황을 극복하고, 조폐공사의 글로벌 영향력을 키우겠습니다. 이는 세계무대에서 활약하고 싶은 제 꿈이기도 합니다. 이를 위한 준비도 철저하게 했습니다. ㉡ 외국어 역량을 기르기 위해 2년 넘게 외국인 교환학생 도우미를 해왔습니다. 교육단체 창업을 통해 현실에서 영업과 계약이 어떻게 이뤄지는지를 경험했습니다. 또한 어려운 일에 도전하는 것을 즐기는 저는 대학시절 토론 동아리 회장으로서 'TVN 대학토론배틀'에서 학교 역사상 처음으로 저희 학교를 TOP10으로 이끌었습니다. 신시장 개척을 통해 조폐공사가 세계무대에서 영역을 확장하는 데 앞장서겠습니다.

㉠ '세계무대에서 활약하고 싶은 꿈을 조폐공사에서 이루겠습니다'를 제목으로 내세우고 있다. 그러나 추상적이어서 제목으로 별로 역할을 하지 못한다. '세계무대에서 활약하고 싶은 꿈'보다는 구체성을 살려 어떤 기여를 하기 위해 또는 어떤 성과를 이루어내기 위해 지원했는지를 제목으로 삼는 것이 낫다.

㉡의 서술은 회사를 철저하게 연구한 결과로 나온 것이다. 인사담당자의 마음에 드는 부분이라 할 수 있다. 이렇게 자소서를 쓰기 전에 회사에 대해 최대한 많이 알아낸 뒤 그것을 언급하면서 회사에 대한 관심과 애정을 보여주어야 한다.

㉢의 내용은 여러 가지를 단순 나열한 것이다. 이렇게 나열하지 말고 꼭 필요한 것만 선택해 관련 사항을 좀 더 구체적이고도 생생하게 적어야 임팩트가 있다. '교육단체 창업을 통해 현실에서 영업과 계약이 어떻게 이뤄지는지를 경험했습니다'고 언급한 부분이 있는데 신시장 개척 등 업무와 연관성이 있는 좋은 소재이므로 이를

좀 더 구체적으로 서술하는 것이 하나의 방법이 될 수 있겠다. 지금은 단순하게 나열하다 보니 어느 하나도 구체적으로 설명하지 못함으로써 경쟁력이 떨어진다.

> 입사 후 10년 동안 회사생활 시나리오와 그것을 추구하는 이유를 기술해 주세요.

입사 후

직무교육과 인재육성 프로그램을 우수하게 수료하고 롯데인으로서의 비전을 내재화하겠습니다. 현장을 발로 뛰며 열린 생각으로 아이디어를 창출하고 조직구성원들과 공유하겠습니다. 또한 국제화되는 세계에 뒤처지지 않게 어학능력을 키우겠습니다.

5년 후

책임의 자리에 올라, 직책교육을 받으며 조직을 이끌기 위한 역량을 키우겠습니다. 맡은 부서의 업무프로세스를 피드백하여 업무혁신을 꾀하겠습니다. 항상 배움에 대한 열정을 잃지 않으며 전문성을 갖춘 롯데인이 되겠습니다.

10년 후

수석의 자리에 올라, 급변하는 환경에 유연하게 대응할 수 있는 중장기 전략을 기획하겠습니다. 조직 구성원들과 협력하며, 구성원들을 아우를 수 있는 간부가 되겠습니다. 기회가 된다면, 롯데재단에서 근무하고 싶습니다. 어려운 시절 저를 도와주었던 롯데재단의 일을 직접 기획하며, 어려움에 처한 더 많은 사람들이 롯데의 도움으로 자립할 수 있도록 돕고 싶습니다.

'입사 후' '5년 후' '10년 후'로 나누어 서술하고 있다. 이렇게 시기를 나누어 언급하는 것은 형식상 너무나 단순하게 다가온다. 굳이 이렇게 나누려면 핵심적인 내용을 제목으로 삼으면서 기술적으로 세련되게 처리하는 것이 좋다. 즉 입사 후 5년 내에 하고자 하는 핵심 내용을 제목으로 삼아 서술하고 다음 5년 후, 10년 후도 이 방식으로 적어 나가는 것이다.

'5년 후' '10년 후'의 포부가 책임의 자리 또는 수석의 자리에 올라 어떻게 하겠다고 서술돼 있는데 내용이 단순 나열에 불과하다. 단계별로 한 가지씩 목표를 정해 그것을 어떻게 이루어 나갈지 자세하게 방법을 제시하는 것이 바람직하다. 현재는 너무 여러 가지를 나열하고 있고 실현 방법도 구체성이 떨어지기 때문에 경쟁력이 없다. 범위를 좁히고 또 좁혀서 목표와 달성 방법을 수치로 이야기해야 임팩트 있게 다가갈 수 있다.

02 성장과정

―― 가정환경과 성장과정에서 대표적 이미지 추출해내야

성장과정을 구체적으로 기술해 주세요.

1) 남들이 소위 'SPEC'이라 부르는 것에 비하면 조금 부족할지 모르지만 또래 대학생들이 해보지 못한 다양한 경험을 했습니다. 여수 공단의 지상 20m 터빈 위에서 안전띠 하나에 의존해 볼트를 조이며 미래를 꿈꿨습니다. 시골에서 소를 키우며, 식탁에 오르는 고기 한 점에도 감사할 줄 아는 사람이 되었으며, 들판에서 자라날수록 고개를 숙이는 벼를 바라보며, 세월이 갈수록 겸손하게 감사함으로 살아가야 함을 배웠습니다. 궂은일도 마다하지 않고 항상 열심히 하는 멋진 사람, 여기에 있습니다.

소통하는 리더

2) 고등학교 3년 중 2년을 반장으로 생활했고, 졸업 후에도 '여기회'라는 모임의 회장으로 활동하고 있습니다. 학우들과 회원들의 애로사항을 꾸준한 대화를 통해 확인하였고, 저와 함께하는 사람들이 행복할 수 있도록 항상 노력하고 있습니다. 이러한 노력을 통해 30명의 여기회 회원들과 고교 졸업 후 5년이 지난 지금까지도 함께하고 있습니다. 조직 구성원의 행복을 위해 항상 소통할 줄 아는 멋진 사람, 여기에 있습니다.

책임감 있는 사람

3) 2011년 9월 군에 입대한 지 한 달 만에 아버지께서 돌아가셨습니다. 어린 나이였지만 아버지를 잃은 슬픔보다 가족을 보살펴야 한다는 책임감이 더 강했습니다. 아버지의 상을 치르고 부대에 복귀한 후에도 힘든 내색하지 않고 맡은 바 임무를 충실하게 수행하여 모범병사로 전역할 수 있었습니다. 군 전역 후에는 학생으로서 할 수 있는 책임을 다해 롯데 장학재단의 우수 장학생으로 선발되었습니다. 저에게 주어진 모든 일에 최선을 다할 줄 아는 멋진 사람, 여기에 있습니다.

  1)에서는 여러 가지를 나열하고 있다. 이러한 단순 나열은 경쟁력을 확보하기 어렵다. 주제를 설정하고 그 주제에 맞춰 꼭 필요한 것만 언급하는 것이 낫다. 이를테면 끈기나 도전정신을 먼저 내세우든가, 아니면 마지막 부분에서 이러한 경험을 통해 그러한 것을 배웠다고 하든가 뭐든 각각이 아닌 총체적인 의미를 부여해야 한다. '멋진 사람'이란 추상적이고 막연한 표현은 직무능력이나 인재상과 관련한 것이 아니어서 다른 것으로 바꾸어야 한다.
  2)에서 제목에 부합하는 '소통하는 리더'를 이야기하려면 구체적인 사건이나 상황을 내세우고 그것을 해결하기 위해 어떤 의미있는 소통을 해서 좋은 결과를 가져왔는지를 보여주어야 한다. 그 과정에서 본인의 역할과 긍정적인 결과가 자세하게 나와야 한다. 지금처럼 큰 범위에서 구체성이 떨어지는 이야기는 경쟁력이 없다.
  3)은 군에 입대한 지 한 달 만에 아버지가 돌아가셨지만 가족에 대한 책임감이 더욱 강해졌고, 임무를 충실히 수행해 모범사병으

로 전역했으며 롯데 장학재단 우수 장학생으로 선발됐다는 줄거리다. 이럴 때는 하늘이 무너지는 심정과 어리지만 본인이 가족을 보살펴야 하는 상황을 구체적으로 설명해야 호소력이 커진다. 즉 가정형편, 가족관계나 형제관계 등을 더욱 자세하게 언급하는 것이 낫다. 그래야 평가자의 감성도 자극할 수 있다.

전체적으로 보면 성장과정의 주제를 크게 세 가지로 잡았는데 너무 많아서 다 읽고 나서 기억에 남는 게 별로 없다. 특정한 이미지가 그려지지 않는다. 이것이 나열식의 치명적 단점이다. '멋진 사람'이 주제어처럼 여러 번 언급되고 있는데 너무나 작위적이고 어울리지 않는 표현이다. 오히려 전체 흐름을 방해하면서 전체적인 완성도를 떨어뜨리고 있다.

■ 가정환경 및 고등학교까지의 개인성장사를 간단히 기술하시오.

'다반향초'의 미덕을 배운 성장기

1) '차를 마신 지 반나절이 되었으나 그 향은 처음의 향과 같다(다반향초)'라는 말이 있습니다. 남의 시선에 신경을 쓰고 빨라진 시대변화에 적응하다 보면 스스로를 가장 나답고 자연스럽게 표현할 수 있는 신념이나 개성을 잃어버리기 쉬운 요즘 되새겨봐야 할 말이 아닌가 싶습니다.

2) 돌이켜보면 초·중학교 때 저는 늘 1등, 반장, 모범생이라는 타이틀을 가지고 있었습니다. 고등학교를 거쳐 대학교에 이르며 1등이란 타이틀을 내려놓고 많은 변화를 겪었음에도 내 신념을 꿋꿋하게 지켜가며 스스로를 긍정적인 방향으로 이끌어나갈 수 있었던 데는 묵묵하게 지

켜봐주신 부모님의 믿음 덕이 컸습니다. 1등을 강요하기보다 스스로에게 선택권을 주시고 늘 따뜻하게 조언해주시는 가정교육 방식 덕에, 고등학교 때 이후 저는 1등은 아니었지만 보다 적극성을 가지고 가슴 속에 품고 있던 열정의 불씨에 불을 붙일 수 있었습니다.

3) 이렇게 일찍이 몸에 밴 '다반향초'의 미덕으로, 앞으로도 마주치게 될 수많은 변화와 성장과정 속에 내 가치관과 스스로에 대한 믿음을 지켜가며 어려움들을 꿋꿋하게 이겨나갈 것입니다.

1)에서 '다반향초'에 대한 설명이 너무 길다. 간결하게 적어야 하는 자소서에서 너무 한가한 이야기로 들린다. 굳이 이렇게 하려면 짧게 화두로 던지는 것이 낫겠다. 멋진 말을 길고 강하게 내세우다 보면 뒤에 이어지는 이야기가 그것을 충족하지 못하는 경우가 발생하기 십상이다.

2)에서 밝힌 내용이 다반향초와 무슨 상관이 있다는 것인지 선뜻 다가오지 않는다. '묵묵히 지켜봐 주시는 부모님의 믿음'이나 '스스로에게 선택권을 주시고 늘 따뜻하게 조언해 주시는 가정교육 방식'이 다반향초의 바탕이 되는 것으로 보이는데 이러한 덕분에 적극성과 열정을 갖게 됐다는 것으로의 연결이 매끄럽지 못하다.

3) 역시 추상적이고 선언적인 내용이어서 그리 강한 인상을 주지 못한다. 다반향초 자체가 막연한 개념이어서 이를 활용한 언급들이 크게 와 닿지 않는다. 무언가 구체성 있는 이야기를 전개해 나가는 데 오히려 방해가 되고 있다. 몸에 밴 '다반향초'의 미덕으로 자신의 가치관과 스스로에 대한 믿음을 지켜가며 어려움들을 꿋

꿋하게 이겨나갈 것이라고 하고 있지만 추상적이고 작위적인 느낌이 든다. 이렇게 하려면 '다반향초'의 효용성, 가치, 실행방법, 효과 등이 구체적으로 나와야 한다.

성장과정을 구체적으로 기술해 주세요.

① 인생을 음식에 베팅하다

1) 23년 짧은 인생이지만, 항상 제 곁에는 음식이 있었습니다. 부모님의 맞벌이로 동생들의 끼니를 챙겨주다 배운 요리는 중학생인 제게 수학학원 대신 요리학원을 다니게 했고, 조리고등학교에 들어가 매일 연필이 아닌 프라이팬을 잡게 했습니다. 그리고 대학 신입생 때는 지금까지 배워온 요리와 수업 때 배운 경영분석틀을 활용해 홍차프랜차이즈를 만들어 아모제 외식IDEA공모전에서 우수상을 수상하기도 했습니다. 이후 자신감이 붙어 공모전·대외활동에 참여하게 되었고, 이를 통해 식품유통, 예산분석 등 다양한 식품관련 분야를 공부하며 관심을 갖게 되었습니다.

② 김길동의 대동맛지도

2) 다양한 식품분야 중에서도 제가 식품MD에 관심을 갖게 된 계기는 풀무원 그로서란트(Grocerant) 기획 프로젝트였습니다. 롯데월드타워에 입점된 식품관을 기획하는 프로그램이었는데, 제철식재를 활용한 반상 메뉴기획이라는 주제로 매주 시내 반상 맛집을 다니며 벤치마킹했습니다. 20곳이 넘는 반상집을 발품 팔며 찾아다니다 보니 서울 내에 있는

웬만한 음식점은 꿰뚫게 되었고, PB, 메뉴기획에 필요한 담양, 서천, 부산 등 전국 생산지를 실무진들과 함께 다니며 몸은 고되나 마음은 뿌듯한 천직이라고 느끼게 되었습니다. 또 전국을 돌아다니며 모은 맛집 자료를 학우들과 공유했고, 친구들의 니즈에 맞춰 추천해주는 '푸디게이션', '대동맛지도', '김길동'이라는 별명을 얻게 되었습니다.

앞으로 음식의 기본인 요리를 아는 자세와 음식에 대한 열정으로 전 세계의 식재를 발굴하는 롯데백화점의 식품MD '김길동'이 되겠습니다.

제목 ㉠'인생을 음식에 배팅하다'는 다소 추상적이고 ㉡'김길동의 대동맛지도'는 의미가 잘 와닿지 않는다. 본문의 핵심 내용을 담아 제목을 좀 더 구체적이고도 이해하기 쉽게 다는 것이 낫겠다. '김길동의 대동맛지도'의 경우 그것이 의미하는 바가 무엇인지를 포함하는 형태로 하는 것이 좋겠다. 이처럼 두 개의 제목을 달아 두 개의 스토리로 구성할 경우 1)과 2)는 길이가 비슷해야 균형감이 있다. 1)의 부분은 늘리고 2)의 부분은 줄여 양을 맞추어야 한다.

전체적으로 내용이 구체적으로 서술돼 있는 등 무난해 보이나 나열형이어서 임팩트는 그리 크지 않다. 2)는 서술이 너무 밋밋하니 '대동맛지도'나 '푸디게이션' 내용을 첫 문장으로 내세워 그것으로 이야기를 풀어가는 것이 나아 보인다.

03 사회활동

직무와 연관지을 수 있는 자신의 경험을 구체적으로 언급해야

📋 학업 이외에 관심과 열정을 가지고 했던 다양한 경험 중 가장 기억에 남는 것을 구체적으로 기술해 주세요.

❶ 고객 가치를 우선시하는 멋진 사람, 여기에 있습니다.

군에 입대하여 동원행정병으로 2년간 근무하였습니다. 하루 평균 입소하는 5~600명의 예비군을 상대하는 일은 부대 내 거의 모든 병사들이 꺼릴 만큼 쉽지 않은 일이었습니다. 매일매일 다양한 예비군들을 상대하며 사무실로 찾아오는 예비군 한명 한명을 저의 고객이라고 생각했습니다. 저희 부대는 제가 일하고 있는 회사이고, 제가 일했던 동원과로 찾아오는 예비군을 고객이라고 생각하며 고객의 니즈를 충족시켜 주기 위해 노력하자는 마음으로 일했습니다. 대부분의 민원인들은 저보다 나이가 많았기 때문에 민원인들에 따라 때로는 친절하고 친한 동생처럼 대하고 때로는 담백하고 논리적으로 불편사항을 접수하고 해결해 주었습니다. 민원인들과 부대의 입장을 동시에 대변하며 우리부대에 찾아와 훈련받는 예비군들이 불편 사항 없이 부대에 대한 좋은 인상을 가지고 떠날 수 있도록 노력했습니다.

[1] 예비군 도시락 민원 해결

점심시간마다 예비군 식당을 돌아보며 예비군들의 의견(도시락 반찬이

부족하다)을 적극 반영하여, 도시락 외주업체와 커뮤니케이션을 통해 예비군 도시락의 양과 질이 크게 향상되어 실제적으로 예비군 도시락 판매량이 20% 정도 증가했습니다.

[2] 예비군 훈련장 노후 민원 해결
제가 근무하던 훈련장은 산악지형이었기 때문에 이동 간에 발목 염좌 환자가 많이 발생하였습니다. 예비군들의 안전한 훈련을 위해 직접 훈련장을 방문하여 문제점을 파악하고, 간부님들께 보고하여 노후된 계단 및 시설을 보수하였습니다. 이후 전역 전까지 환자가 발생하지 않았습니다.

㉠에서는 '고객 가치를 우선시하는 멋진 사람, 여기에 있습니다'는 제목을 달았는데 '멋진 사람'이라는 추상적이고 상대성이 강한 내용을 이렇게 반복적으로 언급하는 것은 평가자를 불편하게 할 수도 있다.

사례를 두 가지 내세웠는데 이는 단순 노력으로 그리 창의적인 것이 아니다. 예비군들의 의견을 들어 도시락의 양과 질을 향상시켰다고 하는데 이는 당연히 해야 할 의무다. 이러한 단순 노력보다는 무언가 특별한 게 나와야 한다.

[1], [2] 번호를 매겨 가면서 사례를 드는 것은 자소서 형식으로는 다소 생소하게 느껴진다. 하나의 문체라고 본다면 좋은 인상을 줄 수도 있겠지만 지나치게 단순한 서술방법이고 형식적인 틀에서는 보고서나 기획서 같은 딱딱함이 다가온다. 굳이 [1], [2]라는

표기가 없어도 아무런 지장 없이 굴러간다. '첫째, 둘째…' 하면서 순서를 내세우는 것도 마찬가지로 촌스럽다. 번호를 삭제하거나 제목을 없애고 '무엇보다, 또한' 등으로 연결시키면서 중요도에 따라 자연스럽게 서술해 나가는 것이 세련된 방법이다.

인생에서 가장 힘든 일에 도전하여 극복한 경험을 적으시오.

내 '여수선언 포럼'

1) 2012년 PCO업체에서 인턴을 하며 여수세계박람회의 폐막식을 장식한 '여수선언 포럼'을 준비하였습니다. 국내외 위원 등 참가자들과 지속적으로 접촉하며 행사에 대한 소식을 전하고 수송스케줄을 조정하였습니다.

업무 중 가장 힘들었던 것은 엑스포장 출입증을 발급받는 일이었습니다. 행사에 참가하는 모든 사람에게 신분증 사본과 신청서 등을 요청했는데 총 800명이 넘는 참가자들 중 여러 번 요청해도 응해주지 않는 사람이 많았습니다. 하지만 전공에서 배운 서비스정신을 살려 요구에 응해줄 때까지 친절하고 끈기 있게 맡은 일을 성공적으로 수행하였고 혹 누락된 부분이 있을까 꼼꼼하게 살피고 완벽하게 하려고 노력하였습니다.

두 달 동안 야근과 주말근무가 계속되어 육체적으로는 힘이 들었지만 '젊어서 고생은 사서 한다'는 말처럼 얻은 점이 더 크다고 생각합니다.

2) 첫째로, 집단의 목표를 제 개인적인 일보다 우선시하는 주인의식과 책임감을 배웠습니다. 둘째로, 야근과 주말근무를 하며 조직 내의 협동

심과 상대방을 배려하는 마음을 배웠습니다. 셋째로, 영문 안내메일 작성, 결과보고서 작성 등을 통해 실제 업무능력을 향상시킬 수 있었습니다.

❶에서 "내 '여수선언 포럼'" 역시 제목이 될 수 없다. 수필이라면 몰라도 자소서에서는 부적합한 제목이다. 예를 들면 '여수엑스포에서 인턴 역할 성공적으로 수행'처럼 좀 더 구체적으로(이보다 더 구체적이면 좋음) 적어야지 막연하고 추상적인 제목은 있으나 마나다.

1)은 그런대로 괜찮은 편이지만 에피소드나 사례를 중심으로 좀 더 구체적이고도 생생하게 적어야 한다. 긴박감 또는 터닝포인트가 있어야 자신의 역할과 기여가 두드러지게 나타난다. 요청에 응해주지 않은 사람이 많았다는 내용이 긴박감이나 터닝포인트가 될 수 있으나 약하다. 수치를 제시하면서 보다 생생하게 적는 것이 좋다.

예를 들면 행사 진행 자체가 불가능할 정도로 어려운 지경이었는데 내가 구체적으로 어떻게 역할을 해서 이 문제를 해결하고 상황이 반전됐는지를 생생하게 적는 것이 낫다. 소재는 좋으나 강한 인상을 주기에는 다소 기술적인 서술이 부족하다. 자기소개서는 경험한 일을 100% 있는 그대로만 적어서는 경쟁력이 없을 수도 있다. 좀 더 살을 붙여 가공해 임팩트 있게 보이게 하는 것이 필요하다. 합격에 목적이 있으므로 다소의 가공은 반드시 필요하다.

2)에서는 이런 식으로 많은 것을 배웠다고 세 가지를 따로 떼어내 나열하는 것보다 좀 더 구체적으로 서술하면서 이야기 사이사

이에 이러한 것을 밝히는 것이 바람직하다. 이런 서술은 무언가 작위적인 냄새가 나 좋은 인상을 주기 어렵다.

> 과거 타인과의 인간관계에서 가장 힘들었던 갈등상황과 이를 슬기롭게 극복할 수 있었던 본인의 전략 및 노하우에 대해 기술하시오. (800자 이내)

25명이서 공연을 준비하는데 나는 팀장이었다. 한 달간 합숙을 하며 공연을 준비하는데 처음에는 별 문제가 없다가 일주일 정도가 지나자 문제가 생겼다. 팀장이 싫다는 소리가 많아졌다. 공연은 준비되고 있었고 나는 그렇게 문제 될만한 행동을 하지 않았다. 원인을 정확히 알 수 없었고 한두 명이 아니라 여러 사람으로부터 그런 소리를 들으며 마음이 많이 힘들었다.

그 상황에서 나는 마음의 소리를 들었다. ㉠일을 내려놓고 팀원들 한 사람 한 사람의 마음의 소리를 들었다. 예전에는 팀장이 일만 잘하면 된다고 생각했지만 정작 중요한 것은 마음을 돌보고 하나로 모으는 것이었다. ㉡팀원들과 마음의 이야기를 나누고 소통하는 가운데 공연 준비에 더욱 박차를 가하게 되어 모두가 즐거운 공연을 할 수 있었다.

꼭 팀장이어서가 아니다. 타인과의 인간관계에서 가장 중요한 것은 겉으로 보이는 모습이 아니라 바로 마음의 소리이다. 마음의 소통이 되면 문제가 발생하고 갈등이 생겨도 금세 괜찮아진다. 누구와 만나든 어떤 일을 하든 사람들과 마음의 이야기를 한다. 내가 먼저 나의 마음을 열어 보이면 타인도 마음을 연다.

구체적으로 얘기한 것 같은데 실제로는 구체적인 부분이 없다. 그 친구들이 왜 나를 싫어했는지, 나는 무슨 말로 그들을 설득했는지 이런 내용이 나오지 않는다. 그러다 보니 이야기가 감동으로 와 닿지 않는다. 본인은 그 내용을 알고 썼기 때문에 충분히 의도가 전달됐다고 생각하지만 인사담당자는 이 내용에서 아무것도 느낄 수가 없다.

긴박하고 어려운 갈등상황을 극적으로 해결해낸 내용으로 전개하는 것이 필요하다. 관련 숫자나 대상자들의 상태, 상황 등 자세한 정보를 담아 구체적이고 생생하게 서술해야 한다.

특히 ㄱ의 '일을 내려놓고 팀원들 한 사람 한 사람의 마음의 소리를 들었다'와 ㄴ의 '팀원들과 마음의 이야기를 나누고 소통하는 가운데 공연준비에 더욱 박차를 가하게 되어 모두가 즐거운 공연을 할 수 있었다'는 실체적인 내용이 없다. '마음의 소리'나 '마음의 이야기'가 무엇을 뜻하는지 알 수 없다. 무슨 마음의 소리인지, 무슨 마음의 이야기인지 자세하게 적어야 설득력이 생긴다.

단체활동이나 봉사활동 등을 수행하면서 문제점을 해결했던 경험을 기술하세요.

ㄱ 갈등 중재자 역할로 단단한 팀워크를 형성하다

대학시절 야구동아리 'Braves'의 부회장을 맡아 '인화단결'의 정신으로 회장과 부원들 간의 갈등을 조율했습니다.

대학야구대회를 준비하며 연습 참석률이 저조했습니다. 회장은 대회

4강에 올라가야 한다며 '연습하기 싫으면 나가라'며 고압적인 태도를 보였습니다. 이는 몇 명의 탈퇴로 이어졌고, 동아리 분위기는 가라앉았습니다.

1) 저는 부회장으로서 회장과 의견을 조율했습니다. 회장에게 지금처럼 강압적인 태도로 대하면 동아리 분위기는 더 안 좋아질 거라 했습니다. 단체 스포츠에서 가장 중요한 게 팀워크인데, '인화단결'의 정신을 발휘해야 하지 않겠냐며 설득했습니다. 회장과 부원들 간에 앙금을 풀기 위한 자리를 마련했습니다.

2) 부원들은 연습할 때 대기시간이 너무 길어 시간을 버리는 경우가 많아 결석하게 된다는 이야기를 많이 했습니다. 저는 회장과 협의해 낭비되는 시간이 없도록 훈련 스케줄을 탄력적으로 짰습니다. 부원들도 자신들의 의견이 반영되니 적극적으로 훈련에 참여했습니다. 절대적인 훈련 시간은 줄었지만 집중력 있게 연습했고, 팀워크도 향상돼 본래 목표였던 4강 진출에 성공했습니다.

❶ '갈등 중재자 역할로 단단한 팀워크를 형성하다'는 제목을 달았는데 이런 경우 어떻게 중재했는지가 제목에 나와야 한다. 이 자체로는 본인의 역할이 구체적으로 드러나지 않으므로 다소 부족하다. 본문에서 '인화단결의 정신'을 발휘해야 한다고 설득했고 낭비되는 시간이 없도록 훈련 스케줄을 탄력적으로 짰다고 했으므로 제목에서도 '인화단결의 정신으로 갈등 중재해 단단한 팀워크 형성' 또는 '탄력적인 스케줄로 갈등 중재해 단단한 팀워크 형성' 정도로 하는 것이 지금보다 낫다.

1)과 2)에서 인화단결의 정신을 발휘해야 한다고 설득했으며, 회장과 부원들 간에 앙금을 풀기 위한 자리를 마련했다고 돼 있다. 또한 회장과 협의해 낭비되는 시간이 없도록 훈련 스케줄을 탄력적으로 짰고 팀워크가 향상돼 4강 진출에 성공했다고 나와 있다. 그래도 크게 와 닿지 않는 것은 훈련 스케줄을 어떻게 탄력적으로 짰는지가 나와 있지 않다. 갈등 해결의 핵심이므로 이 부분이 구체적으로 설명돼야 한다. 그래야 갈등 해소를 위한 본인의 노력과 역할이 더욱 돋보일 수 있다.

> 예상치 못했던 문제로 인해 계획대로 일이 진행되지 않았을 때, 책임감을 가지고 적극적으로 끝까지 업무를 수행해내어 성공적으로 마무리했던 경험이 있으면 서술해 주십시오. (100자 이상 500자 이내)

　　군 복무 중 있었던 일입니다. 감사를 준비하는 기간 중에 부서 내 최선임 병사가 축구를 하다가 무릎을 크게 다쳐 병원에 입원을 하게 되었습니다. 저는 당시 부서 내에서 차선임이었는데 최선임 병사의 갑작스러운 부재로 인해 감사를 준비하는 데에 어려움이 많았습니다. 제가 속한 부서는 24시간 근무부서라서 한 명씩 돌아가면서 당번을 맡았습니다. 당번이 되면 하루 종일 근무 후 다음날은 비번이 되는데 후임들을 설득하여 감사 준비를 위해 모두가 비번을 반납하고 조금씩 양보를 하기로 했습니다. 그래서 전날 당번이었던 사람도 다음날 오전·오후에는 쉬다가 저녁에는 다함께 모여 감사를 대비하여서 아무 탈 없이 우수한 성적으로 감사를 잘 마무리할 수 있었습니다.

앞서 밝힌 적이 있듯이 자소서에서 군대 이야기는 가급적 소재로 삼지 않는 것이 바람직하다. 아주 특별한 경우가 아니라면 경쟁력 있는 이야기로 이어지기 어렵다. 군대처럼 어쩔 수 없이 한 일, 누구나 거쳐 가는 일이 아니라 하지 않아도 되는 일을 자신의 발전을 위해, 또는 남을 위해 자신을 희생해 가면서 한 일이 소재로 가장 적절하다. 이 학생도 군대 이야기를 소재로 했는데 어떻게 봐야 할까?

일단 군대에서 단순히 고생한 경험 또는 역경을 이겨낸 경험과는 스토리가 다소 다르므로 소재로 전혀 부적절하다고 할 수는 없다. 그러나 내용을 뜯어보면 그리 설득력이 있지는 않다. 감사를 앞두고 최선임병이 다쳐 입원을 하게 돼 어려움에 부닥쳤고 후임들을 설득해 서로 비번을 반납하면서 감사를 준비해 우수한 성적으로 잘 마무리할 수 있었다는 내용이다.

그런데 가만히 생각해 보면 너무나 당연한 이야기다. 최선임병이 다쳐 제 역할을 할 수 없다면 그 아랫사람들이 어쩔 수 없이 일을 처리할 수밖에 없다. 자신이 후임들을 설득했다고 하지만 그러지 않더라도 이는 당연히 해야 하는 상황이므로 자신의 노력과 역할이 그리 중요하게 작용한 것으로 비치지 않는다. 군대가 아무리 민주적으로 바뀌었다고 하더라도 상명하복이라는 특징이 작용하는 특수성을 감안하면 본인의 역할이 절대적인 영향을 미쳤다고 볼 수 없다.

결국 이 역시 소재로 부적당한 것이 된다. 예상치 못했던 문제에 부닥쳤을 때 책임감을 가지고 끝까지 업무를 수행해낸 경험은 군대 말고도 얼마든지 있을 수 있다. 동아리 등 학교에서의 경험, 알바나 인턴 때 겪은 일, 기타 단체활동 또는 소모임 등에서 경험한 일 등 찾아보면 소재는 많다. 비록 작아 보이는 것도 적절하게 가공하면 얼마든지 임팩트 있게 서술할 수 있다. 이래저래 군대 이야기는 소재의 빈곤으로 다가오기 십상이다.

단체생활이나 봉사활동, 동아리활동 등의 경험을 기술하세요.

창업을 경험한 '경영 전략가'

1) 대학교 3학년 때 청소년들의 진로설계를 돕는 멘토링 업체 '위니드멘토'를 창업했습니다. 당시 멘토링 분야는 '레드오션'이었기 때문에 성공 가능성이 희박했습니다. 저희만의 차별화된 전략이 필요했습니다. 직접 중·고등학교를 방문해 학생들의 이야기를 들었습니다. 학생들은 진로설계를 위해 대학교 전공과 관련된 정보가 필요하다고 했습니다. 여기서 아이디어를 얻은 저는 다양한 전공의 대학생 멘토들을 모집해 전공 상담만을 전문적으로 해주는 '전공 멘토링' 프로그램을 만들었습니다. 반응은 폭발적이었습니다. 하루 평균 멘토링 신청자가 30명을 넘었습니다. 대부분의 멘토링 업체 하루 평균 신청자가 10명을 넘지 못하는 걸 감안하면 상당한 숫자였습니다.

2) 99%의 멘토링 업체가 '학습상담'에만 초점을 맞췄습니다. 하지만 저희는 이전까지는 없던 '전공상담'에 주목하고 회사를 운영했습니다. 치밀한 전략을 통한 차별화가 저희 업체의 성공 비결이었습니다.

3) 입사 후 글로벌 고객의 니즈에 맞는 차별화 전략으로 BDA그룹의 세

계시장 개척에 앞장서겠습니다.

제목인 ㉠의 "창업을 경험한 '경영 전략가'"는 거창하기는 하지만 부족해 보인다. 무엇을 창업해 어떤 결과를 이루었는지, 또는 무엇을 배웠는지를 적어야 한다. '경영 전략가'라는 것도 대학생에게는 어울리지 않는 표현이다. '진로 멘토링 업체 창업해 성공시키며 경영 전략 익혀'라는 정도로 제목을 붙여도 괜찮을 듯하다.

1)은 나름대로 경쟁력 있게 서술했다. 진로설계 멘토링 업체를 창업해 어떻게 성공적으로 꾸려 나갔는지 구체적으로 잘 보여 주고 있다. 창업한 업체 이름, 처한 상황, 자신만의 전략, 의견 청취를 통한 프로그램 설정 등이 상세하게 서술돼 있다. 또한 다른 업체의 평균 신청자가 10명인 데 반해 자신의 업체는 30명이라는 것을 언급함으로써 성공을 수치로 분명하게 보여주고 있다. 이처럼 구체적으로 서술하고 비교의 대상과 자신의 업적을 대비시킴으로써 임팩트 있는 자소서가 됐다.

다만 2)와 3)이 다소 어설프다. 자신의 노력과 성과를 강조하려 다보니 2)를 분리했고 포부를 함께 밝히려 보니 새로운 단락인 3)을 또 만들었다. 굳이 2)와 3)이 필요하다고 생각하면 길지 않으므로 묶어서 한 단락으로 처리하는 것이 바람직하다. 2)에서 "99%의 멘토링 업체가 '학습상담'에만 초점을 맞췄습니다" 부분은 다소 과장된 느낌이 든다. '전공상담'이 다른 업체에도 대부분 있으리라는 것이 일반인의 상식적인 판단이기 때문이다. 이럴 때는 '99%'라는 확정적인 숫자보다 '대부분의 업체'라고 하는 것이 적절하다. 이렇게 해도 자신의 노력 결과를 돋보이게 하는 데 지장이 없다.

　단체생활이나 봉사활동, 동아리활동 등의 경험을 기술하라는 질문이므로 3)을 굳이 집어넣지 않아도 된다. 나중에 포부를 적는 부분에서 언급하면 된다. 여기에서는 자신의 경험만 돋보이게 하는 것으로 족하다. 공연히 이 부분을 언급함으로써 형식상 1)은 길고 2)는 짧고 3)은 더욱 짧은 어설픈 구조를 취하고 있다. 뒤로 갈수록 단락이 짧아지는 이런 형식은 사람이 무언가 집중력이 부족하거나 허술해 보이고 읽는 사람을 김빠지게 만든다.

04 장점과 단점

―― 장점은 하나로 내세우고 단점은 극복방안 제시해야

📋 본인 성격의 강점·약점에 대해 기술하시오.

🔹 '열정'이 주는 강점과 그 이면

1) 강점은 좋아하는 일들에 대한 애착이 강하고, 그만큼 뜨겁다는 것입니다. 보통 졸업 직전 마지막 학기는 토익점수 등 시험점수를 위해 시간을 투자합니다. 하지만 저는 '우리말 가꿈이'라는 활동 3기를 마친 후, 마지막 학기를 '우리말 가꿈이' 4기 운영위원으로 활동하는 데에 제 열정을 쏟아 부었습니다. 점수를 올리고 이력서에 다른 것 한 줄을 더 적는 것보다도 제게는 가치 있는 일이었기 때문입니다. 그 결과 좋아하는 일을 따라가다 보면 더 좋은 기회와 좋은 사람들을 만날 수 있다는 것을 깨달았습니다.

2) 약점은 강점의 이면으로서, 좋아하는 일들에 열정적이다 보니 그 외의 것에 소홀해질 수 있다는 점인데요. 예를 들면 대학교 2학년 때 성적이 다른 학년에 비해 좋지 않았는데 그 이유가 챔스, EPL 등 축구에 빠져있었기 때문입니다. 그때 공부에 더 매진했더라면 지금 학점이 4.0을 거뜬히 넘었겠지만 그때를 후회하지는 않습니다. 그 이후에는 좋아하는 일들과 해야 하는 일들 사이에 균형을 맞추려 노력했고, 축구에 대한 열정은 더 키워가며, 학점도 잘 받을 수 있었습니다.

㉠ "'열정'이 주는 강점과 그 이면"이라는 제목이 불필요해 보인다. 물론 장단점을 통괄하는 제목이라 볼 수 있지만 구체적인 내용이 드러나지 않기 때문에 제목으로 큰 기능을 하지 못한다. 제목은 본문의 핵심 내용을 담아 평가자가 그것만 보아도 전체 내용을 짐작할 수 있게끔 해주어야 한다. 없애버리고 차라리 1)과 2) 앞에 각각 강점과 약점에 해당하는 제목을 다는 것이 낫겠다.

1)과 2)의 첫 문장에서 강점과 약점을 밝히고 있는데 강점(장점)과 약점(단점)은 문장 형식보다는 가급적 한 단어로 집약될 수 있는 것을 골라 분명하게 어필하는 것이 낫다. 단점은 반드시 극복하는 방법을 밝혀야 하는데 여기에서는 축구에 대한 열정으로 공부에 소홀했지만 후회하지 않는다고 하면서 열정을 다시 강조하고 있다. 지극히 어색한 서술이다. 단점을 '열정 때문에 다른 일은 소홀해지는 것'이라고 밝혔으므로 그것을 극복하는 방법을 제시하는 것이 정상적이다.

> 희망직무 준비과정과 희망직무에 대한 본인의 강점과 약점을 기술해 주세요. (실패 또는 성공사례 중심으로 기술해 주세요.)

㉠ **준비된 영업관리인**
1) 어린 시절 유통업에 대한 막연한 꿈을 꾸었으며, 대학에서 경영학을 전공하며 영업마케팅 트랙 과목을 집중 이수하였습니다. 또한 대학 시절 다양한 사회경험으로 열린 사고를 가지고 있습니다.

강점: 책임감

2014년 여름, Franco 전략 컨설팅에서 인턴으로 근무했습니다. 당시 진행하던 프로젝트는 에뛰드하우스 프랜차이즈 교육 관련 프로젝트였습니다. 일을 시작한지 얼마 되지 않아 저에게 홍대에 있는 화장품 로드샵 점주들과의 면담을 통해, 상권을 분석하고 소비자 트렌드를 확인하는 일이 주어졌습니다. 점주들은 나이가 어린 저를 쳐다보지도 않았습니다. 일주일 남짓 되는 시간 동안 매일 음료수를 사서 매장을 방문했습니다. "더운데 음료수 좀 드세요." 처음에는 쳐다보지도 않던 점주들은 매일매일 찾아오는 저에게 오늘도 찾아왔냐며 조금씩 마음의 벽을 허물었습니다. 홍대의 모든 로드샵 점주들을 면담할 수는 없었지만, 많은 로드샵의 점주들을 면담하며 ❶ 업무 보고서를 작성할 수 있었습니다. 저에게 주어진 일은 무슨 일이 있어도 책임감을 가지고 끝까지 맡은 바를 완수하겠습니다.

단점: 꼼꼼하지 못함

2013년 겨울, 학교 행정실에서 근로장학생으로 근무했습니다. 겨울 졸업식 준비로 한창 바쁜 시기에 졸업대상자들의 연락처가 담긴 자료를 삭제해버렸습니다. 여러 명이 한 대의 컴퓨터를 사용하면서 수많은 폴더가 생성되었고, 이를 잘 확인하지 않아 발생했던 실수였습니다. 이를 계기로 ❷ 누가 컴퓨터를 사용하더라도 정해진 룰에 따라 파일을 관리했습니다. 체계적인 업무체계를 만들어 꼼꼼히 업무에 임하겠습니다.

❶ '준비된 영업관리인'이라는 제목은 별로 역할을 하지 못한다.

제목은 본문의 핵심 내용을 담아 평가자가 그것만 보아도 전체 내용을 짐작할 수 있게 해야 한다. 스스로 준비된 인재라고 주장해 봐야 그렇게 받아들일 평가자는 없다. '준비된 영업관리인'이라는 것을 내세우고 싶다면 어떤 식으로 준비된 관리인인지가 함께 언급돼야 한다.

1)은 전체 글을 안내하는 역할을 하는 '리드'라고 볼 수 있다. 리드는 아래에 이어질 내용을 간결하게 소개하면서 자연스럽게 글을 이끌어 나가는 역할을 한다. 하지만 대학에서 경영학을 전공하며 영업마케팅 트랙 과목에 집중했다는 것과 대학 시절 다양한 사회경험으로 열린 사고를 가지고 있다는 언급은 그 아래 이어지는 글과는 무관한 내용이다. 그 위의 제목 '준비된 영업관리인'과도 연결성이 별로 없다. 이렇게 전체 글이 일관성 없이 각각 따로 놀아서는 곤란하다.

ⓒ에서는 업무보고서를 작성할 수 있었다고 돼 있는데 이런 경우 어떤 업무 보고서를 작성했는지 제목이라든가 내용을 좀 더 구체적으로 서술해야 한다. 자소서를 쓸 때는 항상 시간(때), 장소, 이름(제목), 숫자, 금액 등이 구체적으로 서술돼야 신뢰가 가고 더욱 임팩트 있게 다가온다.

ⓒ에서는 '누가 컴퓨터를 사용하더라도 정해진 룰에 따라 파일을 관리하게 했다'면서 체계적인 업무체계를 만들어 꼼꼼히 업무에 임하겠다는 내용이 나온다. 그러나 실수가 발생하지 않도록 하는 해결책을 스스로 마련한 것이 어떤 내용인지, '정해진 룰에 따라 파일을 관리했다'는 것이 무슨 뜻인지 자세하게 적어야 설득력

이 생긴다. 구체적인 설명 없이 이를 근거로 체계적인 업무처리로 연결시키는 것은 이야기의 비약이다.

　장점과 약점은 똑같은 양을 할애해 균형을 맞추어야 한다. 지금은 단점의 양이 장점의 반밖에 되지 않는다. 얼핏 봐도 균형감이 없어 보인다. 단점을 쓸 때는 극복 또는 해결 방법을 세 가지 이상 제시하면서 늘 반성하고 성찰하는 모습을 보여주어야 한다. 그러면 단점이 오히려 장점으로 승화된다. 만약 내세운 단점에 대해 극복해 나가는 방법이 확실하지 않으면 여전한 문제점으로 다가올 수도 있다. 위에서는 하나의 사례를 들면서 꼼꼼하지 못한 것을 어떻게 해결했는지 적고 있지만 해결책에 대한 서술이 구체성이 없어 설득력이 약하다. 해결책만 더욱 자세하게 서술해도 조금 낫겠다. 단점이라고 서술된 내용은 단순 실수라고도 볼 수 있는 사안이어서 소재도 무게감이 떨어진다.

05 기타 다양한 사례

전체를 알아서 쓰는 경우 제목으로 항목 구분해야

▤ 지원분야에 대한 자신만의 차별화 및 자기계발 사례를 서술하시오.

● **꼼꼼한 계획쟁이**

1) 포토샵을 취미 삼아 하던 것이 대학교에 들어와 많은 도움이 되었습니다. 친구들의 부탁으로 사진을 보정하기도 하고, 대학교에서 조별과제를 할 때에는 PPT 제작을 주로 담당하였습니다.

저의 컴퓨터 응용프로그램 활용능력은 PCO 인턴을 할 때 더욱 부각되어 업무에 보탬이 될 수 있었습니다. 엑셀, 한글을 능숙히 다루었고 컴퓨터에 대한 친숙함으로 기존에 사용해보지 않았던 프로그램도 빠르게 배워 바로 업무에 적용하였습니다.

하지만 제가 기존에 알고 있었던 기본적인 엑셀함수 이외에도 다른 기능들이 실제 업무에 많이 쓰여 더 공부해야 할 필요성을 느꼈습니다. 컴퓨터 활용능력 책으로 틈틈이 공부하며 업무에 바로 적용하니 비교적 쉽게 컴퓨터 활용능력 1급을 취득할 수 있었습니다.

또한 간단한 업무는 디자인팀에게 의뢰하지 않고 제가 속한 기획팀에서 스스로 처리할 수 있도록 일러스트레이터를 독학하였습니다. 업무를 하는 동안 따로 시간을 내서 공부하는 것이 쉽지는 않았지만 이번뿐만 아니라 앞으로도 계속 쓰일 나 자신의 업무능력을 향상시키는 과정이라고 생각하니 뿌듯하였습니다.

2) 선배님들에게 학교에서 배우는 학문적인 지식은 회사에 나오면 쓸모없다는 이야기를 들어왔습니다. 하지만 저는 학교에서 교수님께 배운 지식뿐만 아니라 조별활동 등 대학생활을 하며 배운 것이 어떤 방식으로든 유용하게 쓰일 것이라고 생각합니다. 제가 가지고 있는 역량이 쓸모 있게 쓰이도록 하고, 항상 배움의 자세로 임하겠습니다.

❶에서 '꼼꼼한 계획쟁이'라는 제목은 별로 역할을 하지 못한다. 본문의 핵심 내용을 제목으로 삼아야지 이것으로는 별 의미가 없다. 중요한 역할을 하는 제목을 이처럼 추상적이고 막연하게 단다면 경쟁력 있는 자소서가 되기 어렵다. 속독으로 읽어본다는 것을 늘 명심하고 제목에 핵심 내용을 담아야 한다. 예를 들면 '포토샵, 엑셀 등 컴퓨터 프로그램 자유자재로 다뤄'가 훨씬 나은 제목이다.

1)에서는 자신만의 차별화된 능력 및 자기계발 사례를 대체적으로 잘 서술했다. 다만 더 낫게 하려면 평이한 서술 방식보다는 첫 문장에서 무언가 관심을 끌 수 있는 것, 또는 핵심적 내용을 던지면서 시작하는 것이 좋다. 이야기가 다소 지루하게 흘러가고 있다.

2)는 스테레오 타입의 고리타분한 이야기라 볼 수 있다. 배움의 자세 강조 등 너무나 많이 보아온 내용으로 신선감이 떨어진다. 기업은 일을 하러 가는 곳이지 공부하러 가는 곳이 아니다. 가서 필요하면 배워야 하는 것은 너무나 당연한 얘기다. 한 줄 정도로 소화해도 충분하다. 이런 이야기보다는 자신만의 스토리를 양을 늘려 좀 더 생생하고 구체적으로 풀어 나가는 것이 낫다. 존칭도 과하면 좋지 않다. '교수님께'야 그렇다 치더라도 '선배님들에게'는 좀

어설프다. 객관적으로 '선배들에게'라고 하는 것이 자연스럽다.

본인이 경험한 최고의 서비스·최악의 서비스에 대해 기술하고, 그렇게 판단한 근거 및 사유에 대해 설명하시오. (600자 이내)

1) 캐나다 토론토 공항에서 항공 일정 문제로 항공사 직원과 이야기하는데 영어가 부족해 말이 통하지 않았다. 당시에 스페인어를 사용하고 있었고 늦은 시간이라 항공사 직원들은 대부분 퇴근한 상황이었다.

2) 말도 잘 통하지 않고 항공 일정이 해결도 된 것이 아니라 막막한 상황에서 에콰도르 사람이 다가와 도와주었다. 내가 스페인어를 쓰고 대화가 되지 않는 모습을 보고 다가와서 도와준 것이다. 덕분에 잘 해결될 수 있었다.

3) 여기에 최고와 최악의 서비스가 나타났다. 최악의 서비스는 캐나다 항공사였다. 고객이 원하는 것을 들으려고 하지 않고 개선하려 하지 않는 태도이다. 대화가 되지 않는 고객에게 대화를 할 수 있는 여건을 마련해주는 것이 가장 중요한 것인데 그런 부분이 부족했다. 최고의 서비스는 바로 도움을 주었던 에콰도르 사람이었다.

1)에서는 캐나다 항공에서 겪은 최악의 서비스에 대한 표현이 늘어져 긴박성이 떨어진다. 비행기 시간은 다가오고 지금 당장 해결되지 않으면 비행기를 놓칠 수밖에 없는 상황에서 그들의 형편없는 서비스가 불쾌했다는 이야기를 실감나게 풀어놓을 수 있어야 한다.

비교의 대상은 동격이 되는 것이 원칙이다. 1)에서는 최악의 서비스로 항공사 직원을 언급했는데 2)에서는 그에 대비되는 최고의 서비스로 에콰도르 사람이 나온다. 에콰도르 사람은 항공사 직원 또는 관련 산업에 종사하는 사람이 아니다. 이렇게 서로 격이 맞지 않는 것을 대비시키면 비논리적이어서 몹시 어설프게 느껴진다. 3)에서는 이 둘을 비교 설명하고 있는데 격이 맞지 않는 것을 갖다 붙이다 보니 역시 자연스럽지 못하다. 동등한 것으로 대비와 대구를 잘 맞춰야 읽는 이를 설득하는 힘이 커진다.

　이처럼 600자 이내에서 질문에 충족하는 답변을 하기는 쉽지 않다. 글자수 제약 때문에 하고 싶은 이야기를 충분히 할 수 없기 때문이다. 이런 경우 처음부터 글자수에 맞추어 작성해서는 완성도가 떨어질 수밖에 없다. 처음에는 글자수에 상관없이 쓰고 싶은 것을 다 쓰고 내용을 압축해 나가야 한다. 그래야 중요한 내용을 빠뜨리지 않고 한 단어, 한 문장마다 함축적인 내용을 담아 쓸 수 있다. 그렇지 않고 지레 글자 수를 걱정해서 쓰다 보면 구체적인 것 하나 없이 추상적인 글이 되기 십상이다.

> 자신에 관한 소개를 3000자 이내에서 자유롭게 기술해 주세요.

❶ 흑진주, 조개를 벗어던지고 진가를 드러내다

1) 저에 대한 소개는 단 한 단어로 요약할 수 있습니다. 바로 '흑진주'입니다. 흑진주를 자세히 보지 않으신 분들은 그저 까맣기만 한 흑진주가 다른 보석들보다 예쁘지 않다고 생각하실 수 있습니다. 그러나 흑진주

는 빛을 받는 방향에 따라 무려 7가지 색의 다채로운 빛을 발산합니다. 또한 흑진주는 검은 색을 띠고 있지만 그 반짝거림은 다른 어떤 보석에게도 뒤지지 않습니다. 이러한 흑진주는 오랜 시간 단단한 조개껍질 속에 본연의 화려한 모습을 숨기고 있다가 바람에 깎이고, 파도에 깎이며 점차 그 본연의 모습을 드러냅니다. 저는 제가 이러한 흑진주와 많이 닮았다고 생각합니다.

저는 어려서부터 까만 피부를 가지고 있었고, 성격도 어두운 편이였습니다. 미술이나 음악 등에 관해서 특별한 재능도 가지고 있지 않았고 성적이 우수한 편도 아니었습니다. 이처럼 조개 속에 그 가치를 숨기고 있던 저는 다양한 경험을 통해 그 껍질을 벗어내고 비로소 본래 지니고 있던 많은 빛들을 발산해내게 되었습니다.

2) 저는 어렸을 때 뉴스를 시청하고 계신 부모님의 옆에서 부모님과 함께 두런두런 이야기를 나누며 하루를 마무리하곤 했습니다. 그리고 뉴스를 보며 스포트라이트를 받는 아나운서 뒤에서 발로 뛰며 취재하고, 발 빠르게 소식을 전해주는 기자들의 모습을 본 그 순간부터 막연하게 기자를 꿈꿔왔습니다. 그래서 중학교 때부터 신문과 뉴스를 보기 시작했고, 토론 시간에 친구들보다 앞장서서 나서기도 하며 저의 꿈을 천천히 키워나갔습니다. 그리고 그러한 경험을 바탕으로 고등학교 시절에 교내 토론대회에서 1등을 차지하기도 했습니다.

그리고 저는 외동딸입니다. "외동딸이다"고 말하면 주위에서 "생각이 어릴 것이다", "예쁨만 받고 자라왔을 것이다"는 말을 많이 하곤 합니다. 그러나 '강하게 키우겠다'는 저희 부모님의 사자(獅子)식 교육철학 덕분에 저는 어려서부터 독립심과 실패를 두려워하지 않는 강인한 정신력을 가지게 되었습니다. 특히 중학교 3학년 이후, 아버지의 사업 실패로 인한 어려운 집안 환경에서 스스로 아르바이트를 통해 용돈을 벌며 또래친구들보다 먼저 정신적으로 성숙해짐을 느끼고, 예비 가장으로서의 책임감을 가지게 되었습니다.

또한 대학입시 준비를 통해 처음 논술을 접한 저는 모의 논술 시험에서 전교 1등을 차지하며 처음으로 글을 쓰는 것에 대한 재능을 발견했고, 최종적으로 논술 전형을 통해 목표하는 대학에 입학하게 됐습니다.

이후 대학에 진학한 저는 영상 제작 동아리인 '지존방송연구회'라는 학회에 가입하였습니다. 많은 친구들은 기자를 꿈꾸는 제가 영상 제작 동아리에 가입한 것을 두고 매우 의아해 했습니다. 저는 예전에 드라마 PD를 꿈꾸는 선배가 연극 동아리 활동을 하시는 모습을 보고 같은 질문을 했던 적이 있었습니다. 그리고 그 선배님은 "카메라 앞에 선 배우의 마음을 이해할 수 있어야 촬영을 하는 입장에서 더 좋은 드라마를 만들 수 있을 것이라고 생각했기 때문이다"고 말씀하셨습니다. 저는 선배님의 말씀에 무척이나 감동을 받았고, 영상 제작 동아리에 가입하여 제가 앞으로 서게 될 카메라 뒤에 계신 분들의 입장을 이해하려고 노력했습니다. 이 과정에서 저는 영상을 편집하고 촬영하는 데 재능이 있다는 것을 알게 되었고, 이후 'JTBC On-Air Heroes'라는 대외활동을 통해서 제가 가진 재능을 마음껏 펼쳐 보일 수 있는 기회를 얻게 되어, 결과적으로 '우수상'이라는 좋은 결과도 얻을 수 있었습니다.

이와 같은 저의 경험들은 특별하다고도, 평범하다고도 할 수 없는 것들이지만, 이는 지금의 제가 되기까지 아주 중요한 역할을 해준 값진 경험들이었습니다. 이제 겨우 대학교 3학년생인 저는 아직 저를 둘러

싸고 있는 조개껍질을 다 벗어내지 못했습니다. 이번 OO신문사 인턴을 통해 또 하나의 경험으로, 저를 둘러싸고 있는 이 단단한 껍질들을 벗어 던지고 더욱 다채로운 빛을 내는 사람이 되고 싶습니다.

앞서도 ❶ 제목을 언급한 적이 있지만 구체적으로 자신이 어떤 사람인지를 드러내야지 제목이 이렇게 추상적이어서는 안 된다. 특히 자기소개서는 속독으로 읽으므로 제목은 전체의 핵심 내용을 구체적으로 적어야지 이렇게 막연해서는 아무 역할도 하지 못한다. 멋진 말이 능사가 아니다.

1)의 부분은 전체 단락이 필요 없어 보인다. 여기에서는 자신의 특징이 구체적으로 드러나지 않기 때문에 공연히 지면만 낭비한 꼴이 됐다. 처음부터 이렇게 하나 마나한 이야기를 하면 지루해서 끝까지 읽어 내려가기 힘들다.

2)는 지나치게 여러 가지를 나열하다 보니 산만해서 무슨 이야기인지 파악하기 힘들고 특징적인 이미지가 만들어지지 않는다. 자신만의 주제(아이덴티티)가 무엇인지 정한 뒤 그에 맞추어 서술해야 한다. 즉 그 주제에 맞추어 이를 뒷받침할 수 있는 것으로만 이야기를 풀어 나가야 한다.

그러자면 자신의 주제를 집약할 하나의 단어를 새로 찾아내야 한다. '흑진주' 이런 거 말고 자신의 장점 위주로 '리더십' '끈기' 등을 내세우고 이를 사례를 통해 증명한 뒤 이러한 장점을 기자로서 어떻게 살려 나가고 발휘해 어떤 성과를 낼지를 적어야 한다.

지금은 '토론대회 1등' '독립심' '강인한 정신력' '책임감' '글 쓰는 재능 발견' '영상 편집 재능 발견' 등 지나치게 나열식이어서 혼란스럽다. 주어지는 문제의 문항 없이 한꺼번에 작성하게 함으로써 다소 복잡해질 수밖에 없는 측면이 있긴 하지만 가급적 주제를 하나로 정하고 그에 집중해서 해당되는 이야기만 구체적으로 서술하는 것이 바람직하다.

각각의 문항으로 구분돼 있지 않고 이처럼 전체를 알아서 작성하는 경우 대략 다음과 같은 순서로 적어 나가면 된다.

❶ 어떤 가정환경과 성장배경에서 A라는 특징이 길러져 왔다.
❷ 이러한 연장선상에서 대학에 어떤 학과를 선택해 들어가게 됐고 어떠한 활동(알바, 인턴, 서클, 봉사 등)을 통해 A를 심화·발전시켰다.
❸ 인턴기자가 되어 A라는 장점을 발휘해 특히 어떤 분야에서 어떻게 활동해 나가고 무슨 성과를 이룰지를 적으면 된다.

질문이 여러 항목으로 구분돼 있지 않고 이처럼 한꺼번에 알아서 쓰게 하는 경우에는 내용별로 각각의 소재에 제목을 붙여 서술하면 훨씬 일목요연해진다. 나중에 다른 소개서에서 문제가 1~5번 문항으로 주어질 때는 그에 맞추어 이러한 소재를 각각 분리해 스토리를 전개해 나가면 된다.

📄 본인의 스포츠 관련 경험 및 역량에 대해 기술하시오.

내 인생의 롤모델이 된 축구경기, '이스탄불의 기적'
1) 스포츠에 대한 저의 가장 큰 역량은 '축구에 대한 진정성 있는 열정'입니다. 2004-05시즌 AC밀란에 3대0으로 지고 있던 리버풀이 후

반에 3골을 넣고 승부차기로 결국 챔스 우승을 거머쥔 '이스탄불에서의 기적'을 들어보셨을 겁니다. 한 축구경기를 인생의 롤 모델로 삼게 만들었던, 또 저를 리버풀팬 콥으로 만들었던 경기였지요. 저의 축구에 대한 사랑은 2002년 월드컵 포르투갈전의 박지성 선수로부터 시작됐고, 리버풀과 제라드를 만나면서 더 견고하고 뜨겁게 타올랐습니다. 이번 시즌에는 벨기에 선수들의 활약으로 양 팀이 팽팽하게 주고받았던 12라운드 머지사이드 더비를 2013-14 최고의 명경기로 기억하는데요. 이렇게 한 팀의 경기를 매번 챙겨보다 보면, 상대로 만나는 다양한 EPL팀들도 함께 보고 파악해볼 수 있다는 장점이 있어 저 나름대로는 EPL이나 축구에 관해서 많은 지식들이 쌓여왔다고 생각합니다.

2) EPL에 대한 애착은 곧 K-리그에 대한 관심으로 이어졌고, 아침 경기나 리그 경기를 보기 위해 시간 나는 대로 축구경기장을 찾았습니다. 앞으로도 다양한 축구리그, 다양한 스포츠 분야로 역량을 넓혀나갈 수 있을 것입니다.

스포츠 채널 아나운서에 지원한 소개서다. 1)에선 축구에 대한 열정을 보여주는 소재로 '이스탄불의 기적'을 선택하고 그것을 설명해 나가고 있다. '이스탄불의 기적'이라는 매력적인 키워드를 좀 더 살리려면 지금처럼 일이 진행되는 순서대로 적지 말고 서두에 그 상황을 내세우면서 긴박감 있게 묘사해 나가는 것이 훨씬 낫다.

2)에서는 축구를 엄청 좋아하고 나름대로 해외 축구 지식이 풍부하다는 것을 보여주고 있으나 이를 본인의 역량으로 연결시키는 데 실패했다. '앞으로도 다양한 축구리그, 다양한 스포츠 분야

로 역량을 넓혀나갈 수 있을 것'이라고 했는데 더욱 구체적으로 서술해야 한다. 즉 자신의 열정과 역량을 어떤 식으로 활용해 어떻게 기여할 것인지를 더욱 상세하게 밝혀야 완성도를 높일 수 있다.

자유롭게 본인 소개를 해주시기 바랍니다.

㉠ **저는 한국장애인고용공단에서 창의적 역량을 120% 발휘했습니다.** 홍보협력실에서 일하며 홍보영상을 제작했습니다. 기존의 영상은 공단의 역사와 업무를 소개하는 형식이었습니다. 기존의 것과 차별화를 통해 흥미를 유발해야겠다고 생각하고 드라마 형식으로 영상을 제작하기로 했습니다. 실제 장애학생을 주인공으로 섭외했습니다. 다리가 불편한 이 학생이 장애인고용공단에서 지원해준 전동휠체어로 정상적인 대학생활을 한다는 내용이었습니다. ㉡ '장애학생의 하루'라는 제목으로 배포된 이 영상은 종합 조회수 3000건 이상을 기록하며 회사 인지도 향상에 기여했습니다.

뛰어난 외국어 능력을 지닌 글로벌 인재입니다.
㉢ 카투사로 군 복무를 했습니다. 군 생활 초창기에는 영어가 형편없었습니다. 수단과 방법을 가리지 않고 영어실력을 키워야 했습니다. 미군들에게 먼저 다가가 말을 걸고, 한 마디라도 더 하려고 노력했습니다. 가족모임이 있을 때면 빠지지 않고 참석해 그들의 문화를 익혔습니다. 1년 만에 영어가 획기적으로 늘었고, 미군들과 좋은 관계를 유지한 덕분에 대대장 통역병으로 임명됐습니다. ㉣ 창의적인 역량과 글로벌 마

인드를 가지고 ㉢조폐공사가 '세계 5위의 조폐·보안기업'의 목표를 달성하는 데 기여하겠습니다.

㉠'저는 한국장애인고용공단에서 창의적인 역량을 120% 발휘했습니다'는 표현은 다소 자화자찬으로 느껴진다. 강하게 어필하려다 보니 이렇게 된 것이 아닌가 싶다. 조금 더 구체성을 살리면서 '저는 한국장애인공단에서 차별화된 동영상을 제작하는 등 창의적인 역량을 발휘했습니다'고 적는 것이 좋겠다.

㉡'장애학생의 하루'를 앞에 먼저 내세우면서 역으로 서술하는 것이 임팩트 있게 다가오지 않을까 싶다. 즉 "'장애학생의 하루'. 제가 제작한 홍보 동영상입니다. (언제) 장애인고용공단 홍보협력실에서 일할 당시 차별화를 통해 흥미를 유발해야겠다는 생각에서 드라마 형식으로 만든 동영상입니다. 기존 영상은 공단의 역사와 업무를 소개하는 단순한 형식이었습니다. 이 영상을 찍기 위해 실제 장애학생을 주인공으로 섭외했습니다"와 같이 서술하는 것이다. 일의 진행 순서대로 적어나가는 것보다 핵심이나 주요 사항 또는 긴박한 상황을 앞에 내세우는 것이 더욱 관심을 끌 수 있다.

㉢에서 언급한 '창의적인 역량'은 '장애학생의 하루'라는 동영상을 제작한 것을 가리키는데 어느 정도 어울린다고 볼 수 있다. 그러나 '글로벌 마인드'는 앞에 나오는 ㉢을 근거로 하고 있는데 다소 부족하다. 카투사를 가서 영어를 제대로 익혔다는 한 가지 사실을 근거로 제시하며 글로벌 능력이 있다는 것은 논리적인 비약이라고 할 수 있다. 비약은 항상 근거가 부족할 때 발생한다. 글로벌 능력

을 증명할 만한 다른 사례나 해외 경험 등이 함께 나와야 이를 충족할 수 있다.

또한 ㉣에서 '창의적인 역량과 글로벌 마인드를 가지고'라는 표현은 너무 추상적이어서 와 닿지 않는다. 이렇게 적지 말고 구체적으로 서술해야 한다. 즉 창의적인 역량과 글로벌 마인드를 어떻게 발휘해서 목표를 이룰지 그 방법을 더욱 구체적으로 밝혀야 한다.

㉤에는 "조폐공사가 '세계 5위의 조폐·보안기업'의 목표를 달성하는 데 기여하겠습니다"고 돼 있는데 아마도 공사가 추구하는 목표를 홈페이지 등에서 찾아내 그에 맞추어 서술한 것으로 보인다. 이는 좋은 방법이다. 그러나 막연히 세계 5위의 목표를 달성하는 데 기여하겠다고 하지 말고 어떤 과정을 거쳐 이런 목표를 달성할지 구체적인 방법을 내세우고, 세계 5위가 되기 위한 다른 수치를 함께 제시하면서 서술하는 것이 바람직하다. 5위를 달성하기 위한 핵심 요소가 무엇인지 찾아내 그것으로 범위를 좁혀 더욱 구체적으로 서술한다면 훨씬 경쟁력 있는 자소서가 될 수 있다.